Katja Bernhardt

JETZT ERST RECHT

ÜBER DIE AUTORIN

Katja Bernhardt, Jahrgang 1969, ist verheiratet und
Mutter von zwei erwachsenen Töchtern. Sie ist examinierte
Kinderkrankenschwester und war bis 2005 in diesem Beruf
tätig. Von 2005 bis 2008 absolvierte sie eine theologische
Ausbildung am CVJM-Kolleg in Kassel. Seitdem arbeitet
sie als freiberufliche Gemeindereferentin. Überregional
wurde sie bekannt als Moderatorin des Filia-Frauentages
und als Referentin für Frauenfrühstückstreffen.
www.katja-bernhardt.de

Katja Bernhardt

JETZT ERST RECHT

Ermutigung in
stürmischen Zeiten

Für meinen Ehemann Otto,
meine Eltern und meine Schwester Alexandra!
Danke, dass ihr gemeinsam mit mir
schon manchen Sturm ausgehalten habt.
Mit euch „segele" ich gerne übers Meer.
Möge Jesus, unser Herr über Wind und Flut,
euch segnen!!

INHALT

EINLEITUNG

02. Januar 2017. Früh am Morgen bin ich allein am Strand der Ostsee unterwegs. Die Welt scheint noch zu schlafen. *Vielleicht haben die Menschen hier zu heftig Silvester gefeiert*, denke ich und schlendere am Meer entlang. Ich genieße die Ruhe und die Einsamkeit. Dass es ein bisschen regnet, macht mir an diesem Morgen nichts aus. Ich höre das Rauschen der Wellen und das Kreischen der Möwen. Während ich laufe, denke ich zurück an das vergangene Jahr.

Es war ein turbulentes Jahr. Mancher Herausforderung mussten wir uns stellen. Es gab Dinge und Ereignisse, die uns überrannt haben.

Vielleicht war gerade deshalb der Wunsch bei uns so groß, den Jahreswechsel in aller Ruhe und ganz unspektakulär zu verbringen. Nur mit der Familie. In einem Ferienhaus an der Ostsee. Gemeinsam auf das zurückblicken, was war und langsam in das starten, was vor uns liegt.

An diesem Morgen jedenfalls freue ich mich, fast ganz allein unterwegs zu sein und Zeit mit meinem Gott zu verbringen. Ich erzähle ihm davon, was mich beschäftigt.

Mit der Zeit spüre ich, wie der Wind vom Meer her immer heftiger weht. Auch der Regen wird stärker. Ich ziehe meine Kapuze über den Kopf und wickele den Schal enger um den Hals. In der Wettervorhersage gestern Abend haben die Meteorologen einen heftigen Sturm für die Ostsee angekündigt.

Vielleicht ist es besser, wenn ich den Heimweg antrete, denke ich. Doch dann kommt ein anderer Gedanke: *Nein, jetzt musst du erst recht weitergehen. Dich gegen den Wind stellen. Den Wind auf der Haut spüren, dich nicht unterkriegen lassen und deine Kraft mobilisieren!*

Obwohl ich eigentlich umkehren müsste, laufe ich mutig und voller Zuversicht weiter. Plötzlich macht es mir Spaß, gegen den Sturm anzukämpfen. Schritt für Schritt gehe ich voran und spüre, wie viel Mühe es kostet, den Gegenwind auszuhalten. Alle Zeichen stehen auf Sturm, aber in mir wird ein Wunsch immer größer: *Komm, lauf noch ein bisschen weiter! Jetzt erst recht!*

Nach gut einer Stunde komme ich ein wenig erschöpft, aber dennoch fröhlich und mit frischen Brötchen wieder an unserem Ferienhaus an. Den Rest des Tages genießen wir vor dem Kamin und beobachten aus der warmen Stube, wie der Wind heftig übers Meer und die Straßen fegt. Ja, dieser Sturm hat es wirklich in sich und es ist gut, dass wir ein Dach über dem Kopf haben.

Stürmische Zeiten – wahrscheinlich kennen Sie solche Zeiten auch aus Ihrem Leben. Ich meine natürlich nicht die

Frühjahrs- oder Herbststürme, die Sie an der See oder in den Bergen erlebt haben.

Nein, ich meine die Zeiten, in denen Sie das Leben so richtig herausgefordert hat. Wo der Wind Ihnen aus allen Richtungen heftig ins Gesicht geblasen hat. Wo Sie Angst hatten, den Halt und die Orientierung zu verlieren. Wo das, was vorher so unerschütterlich und fest war, ins Wanken geraten ist und Ihnen der Boden unter den Füßen genommen wurde. Wo Beziehungen und Freundschaften sich verändert haben oder Sie sich selbst infrage stellen mussten.

Stürmische Zeiten fordern uns heraus. Sie holen uns aus unserem gewohnten Trott und machen uns bewusst, dass der Wind sich schneller drehen kann, als uns lieb ist. Stürmische Zeiten machen uns mutlos.

Und nicht selten wird gerade in solchen Zeiten die Frage nach Gott in uns immer lauter.

Ich denke zum Beispiel an Tom. Mit 56 verliert er von heute auf morgen seinen Job. „Betriebsbedingte Kündigung" – da kann man leider nichts machen. Alle Zeichen auf Sturm!

Ich denke an Sonja. Vor wenigen Wochen hat sie ihren Mann verloren. Die Diagnose kam völlig überraschend: Hirntumor! „Es tut uns leid, wir können nichts mehr für Ihren Mann tun." Alle Zeichen auf Sturm!

Ich denke an Carola. Netter Ehemann, wohlerzogene Kinder, tolles Haus und guter Job. Nach zwölf Jahren Ehe hat ihr

Mann sie mit den Kindern alleingelassen. Er liebe sie einfach nicht mehr – viel mehr hat er nicht gesagt. Und dann ist er gegangen. Alle Zeichen auf Sturm!

Ich denke an den 19. Dezember 2016. Ein islamistischer Attentäter steuert mit einem LKW in Berlin-Charlottenburg in den Weihnachtsmarkt am Breitscheidplatz. Elf Menschen sterben sofort, weitere 55 werden schwer verletzt in Kliniken eingeliefert. Der romantische Weihnachtsmarktbesuch endet in einer Katastrophe. In den Zeitungen ist am nächsten Tag zu lesen: „Der Terror ist in Deutschland angekommen!" Alle Zeichen auf Sturm!

Lebensstürme können ganz unterschiedliche Gestalt haben. Manchmal zeichnen sie sich wie dunkle Wolken am Horizont ab. Ein anderes Mal brechen sie unerwartet und ohne große Vorankündigung wie ein Orkan in unser Leben.

Die Nachricht einer schweren Erkrankung, der Verlust eines lieben Menschen, die Kündigung des Arbeitsplatzes, eine gescheiterte Ehe und die zunehmend schwierigen politischen Verhältnisse in unserem Land sind nur wenige Beispiele dafür, wie schnell aus einer Schönwetterlage ein lebensbedrohlicher Sturm werden kann.

Wenn wir die Welt um uns mit offenen Ohren und wachen Sinnen wahrnehmen, dann entsteht bei vielen von uns der Eindruck: Das Klima wird rauer, der Wind schärfer und die Zeiten turbulenter!

Aber nicht nur die ganz schweren Stürme wirbeln unser Leben durcheinander. Manchmal reicht schon ein kleiner Gegenwind im Alltag, um uns aus der Bahn zu werfen. Die Konfrontation mit unseren eigenen Ecken und Kanten, Konflikte in Beziehungen oder auch unterschiedliche Auffassungen in der Gemeinde fordern uns heraus und stellen uns infrage.

Wie gut wäre es, wenn wir genau in solchen Situationen sagen könnten: „Jetzt erst recht!" Ich gebe nicht auf, ich laufe weiter – auch wenn ich den Gegenwind spüre! Hoffnungsvoll und mutig wage ich den nächsten Schritt.

So wie ich damals zum Jahresbeginn an der Ostsee.

Leider verlieren wir aber gerade in den stürmischen Zeiten unseres Lebens schnell die Zuversicht. Statt hoffnungsvoll weiterzugehen, spüren wir unsere Grenzen. Wir verlieren den Glauben, dass alles gut werden kann, fühlen uns hin- und hergeworfen und haltlos. Wir wissen nicht mehr, auf wen oder was wir uns wirklich verlassen können und zweifeln an der Gerechtigkeit.

Unser kraftvolles „Und jetzt erst recht" wandelt sich unter Umständen in die bange Frage: „Und jetzt"?

Da Sie dieses Buch in den Händen halten, liegt die Vermutung nahe, dass Sie genau diese Gefühle und Fragen kennen. Es könnte sogar sein, dass der Sturm im Moment heftig in Ihnen oder um Sie her weht. Oder Sie haben stürmische Zeiten hinter sich und sind noch ganz erschöpft von dem, was Sie erlebt haben.

Vielleicht hilft es Ihnen, bereits an dieser Stelle zu hören: Es ist völlig normal, wenn Sie sich im Sturm Ihres Lebens hilflos und überfordert fühlen. Es ist auch normal, dass Sie an vielen Stellen Fragen oder Zweifel haben und dass Ihre Gefühle zwischen Wut, Ohnmacht und Trauer schwanken.

Aber gerade deshalb möchte ich Ihnen Mut machen, sich gemeinsam mit mir in den Wind zu stellen. Lassen Sie uns danach suchen, wie wir in stürmischen Zeiten neue Zuversicht gewinnen.

Stürmische Zeiten gehören zu unserem Leben und es ist gut, wenn wir gerade in diesen Zeiten danach fragen, was uns Halt und Kraft gibt und woran wir uns orientieren können. Stürmische Zeiten machen uns bewusst, dass wir Standpunkte beziehen müssen und dass es sich lohnt, nach sicheren Ankerplätzen Ausschau zu halten.

Deshalb stellt sich für viele Menschen eben gerade auch in stürmischen Zeiten verstärkt die Frage nach Gott. Gibt es ihn überhaupt und wenn ja, wo ist er mitten in den Stürmen und Wirren meines Lebens? Und besonders da ist es gut und wichtig, genau diese Fragen zuzulassen.

Auch Menschen, die schon lange mit Gott unterwegs sind, kennen stürmische Zeiten. Ich selbst habe mitten im Lebenssturm schon die Fragen gestellt: „Jesus, wo bist du?" und „Kann ich jetzt trotzdem noch glauben und an Gott festhalten?"

Egal, ob Sie die Frage nach Gott zum ersten Mal oder zum wiederholten Mal stellen: Ich bete, dass Jesus Christus Ihnen durch dieses Buch begegnet. Dass Sie sein leises Flüstern mitten in Ihrem Lebenssturm wahrnehmen und trotz aller widrigen Umstände erfahren: Einer ist da, der Ihren Sturm stillen kann. Einer ist da, der Wind und Wellen vertreibt! Jetzt erst recht!

ALLE ZEICHEN AUF STURM

Einen nahenden Sturm erkennt man daran, dass der Himmel sich verdunkelt und die Regenwolken größer werden. Der Wind biegt die Sträucher und Bäume nieder, die Vögel hören auf zu singen und irgendwann setzt Regen ein.

Ähnlich ist es bei Lebensstürmen. Manchmal zeichnen sie sich am Horizont ab. Wir ahnen eine drohende Veränderung. Und wieder ein anderes Mal bricht der Sturm völlig unvermittelt in unser Leben herein.

So wie bei Britta und Marc: Britta ist Mitte 40. Seit über 20 Jahren arbeitet sie in der Krankenpflege. Eigentlich liebt sie ihren Job. Sie mag es, mit Menschen zu arbeiten und für sie da zu sein. Seit Wochen hat sie nun aber schon heftige Probleme mit ihrem Rücken. An manchen Tagen sind die Schmerzen unerträglich. Ein Krankenhausaufenthalt folgt dem nächsten. Doch keine Therapie bringt den durchschlagenden Erfolg. Auch eine Kurmaßnahme ändert wenig an ihrem Zustand. Ich spüre zunehmend ihre Verzweiflung. Die Schmerzen machen sie mürbe, und immer wieder ist da die quälende Frage: Wie geht es für mich weiter?

Sie betet, bittet Gott um Heilung, sucht und ringt nach anderen Wegen. Doch es scheint, als ob es keinen Schritt weitergeht. Zu alledem spürt sie, wie der Druck von außen immer größer wird. Die Arbeitskollegen bringen kaum noch Verständnis für ihre Situation auf, sie fühlt sich unverstanden und alleingelassen. Alle Zeichen auf Sturm!

Ich denke an Marc. Wir kennen uns noch nicht lange, aber schon nach wenigen Begegnungen hat er Vertrauen zu mir und erzählt mir aus seinem Leben. Seine Kindheit war schwierig. Der Vater Alkoholiker, die Mutter wenig belastbar und mit fünf Kindern total überfordert. In der Schule und zu Hause hat Marc von Anfang an gehört: „Du kannst nix und du bist zu nix zu gebrauchen." Diese Sätze haben sich in sein Herz eingebrannt. Als Jugendlicher distanziert er sich immer mehr von seinem Elternhaus und versucht sich allein durchs Leben zu kämpfen. Nirgendwo hält er es lange aus. Immer wieder macht er schlechte Erfahrungen, gerät von einer schwierigen Situation in die nächste und wird von Menschen abgelehnt und in eine Schublade gesteckt.

Inzwischen ist Marc fast 60 Jahre alt. In unseren Gesprächen spüre ich seine Sehnsucht nach Anerkennung und Liebe. Nein, er ist nicht verbittert über sein Leben, auch nicht über verpasste Chancen und Möglichkeiten. Aber er sehnt sich nach Halt und Orientierung. Der ganz normale Alltag mit seinen Herausforderungen ist oft wie eine Bedrohung für ihn, der er sich einfach nicht gewachsen fühlt. Immer wieder hat er depressive Phasen. Dann verliert er komplett die Perspektive für sein Leben. Unterschiedliche Religionen hat er schon ausprobiert – auf der Suche nach dem, was dem Leben wirklich Halt gibt. Auf die Frage, was er sich für sein Leben wünscht, antwortet er mir: „Dass die Stürme in mir sich legen und ich Frieden finde!"

An den Geschichten von Marc und Britta wird deutlich, dass Lebensstürme zwei Angriffsflächen haben. Zum einen nehmen sie Einfluss auf unsere Umgebung, zum anderen berühren sie unser Innerstes, unsere Persönlichkeit.

Lebensstürme auszuhalten, kostet Kraft und geht an unsere Substanz. Manche spüren deutlich körperliche Symptome, andere leiden unter den seelischen Schmerzen. Wie unterschiedlich die Stürme auch sein mögen, sie haben eines gemeinsam: Je länger sie dauern, umso mehr rauben sie uns unseren Mut, unsere Zuversicht und unsere Hoffnung! Aber gerade Mut, Zuversicht und Hoffnung brauchen wir, wenn wir durch schwierige Lebensphasen gehen.

Doch was bedeutet eigentlich „zuversichtlich leben"? Im Internet finde ich im Duden unter dem Stichwort „Zuversicht" folgende Information: festes Vertrauen auf eine positive Entwicklung in der Zukunft, auf die Erfüllung bestimmter Wünsche und Hoffnungen.*

In unserem Sprachgebrauch taucht das Wort „Zuversicht"

---

* http://www.duden.de/rechtschreibung/Zuversicht

in ganz unterschiedlichen Zusammenhängen auf. So sagen wir zum Beispiel: „Da hat jemand seine Zuversicht verloren", und meinen damit, dass unserem Gegenüber die Fröhlichkeit und Gelassenheit verloren gegangen ist.

Positiver klingt es, wenn wir sagen: „Ich sehe, du strahlst ganz viel Zuversicht aus." Eine Person, die Zuversicht ausstrahlt, trägt Hoffnung und Lebensbejahung in sich.

Und wenn wir behaupten: „Ich teile deine Zuversicht", dann machen wir deutlich, dass wir gemeinsam vertrauensvoll und mutig den nächsten Schritt wagen wollen.

Ob Menschen grundsätzlich eher zuversichtlich oder weniger zuversichtlich leben, hängt viel von ihrer inneren Einstellung ab. Darüber hinaus ist Vertrauen eine wichtige Basis, um hoffnungsvoll in die Zukunft zu gehen.

Wer zuversichtlich lebt, der ist lebensbejahend, mutig, hoffnungsvoll. Er traut sich und anderen etwas zu. Er vertraut und er glaubt, dass es auch zukünftig für ihn einen guten Weg geben wird. Zuversichtliche Menschen haben demnach eine positive Sichtweise auf ihr Leben und ihre Zukunft. Und wer zuversichtlich ist, bleibt handlungsfähig und trifft mutig Entscheidungen für sein weiteres Leben!

Wenn uns in stürmischen Zeiten die Zuversicht verloren geht, dann gibt es in der Regel dafür mehrere Gründe. Und so möchte ich in diesem Buch zwei wesentlichen Fragestellungen nachgehen:

1. Wer oder was raubt uns in stürmischen Zeiten unseren Mut und unsere Zuversicht?
2. Wie finden wir in schweren Lebensphasen Ermutigung und neue Zuversicht?

WER ODER WAS RAUBT UNS UNSEREN MUT UND UNSERE ZUVERSICHT?

Eigentlich ist es paradox. Gerade wir Deutschen leben in einem Land, das im Vergleich zu anderen Ländern der Erde als relativ sicher eingestuft wird. Dem überwiegenden Teil unserer Gesellschaft geht es gut, denn unser Sozialstaat sichert im großen Maß unser Leben ab. Die Wirtschaftskrise, in der Deutschland sich vor einigen Jahren befand, ist überwunden und sogar die Zahl der Arbeitslosen ist weiter rückläufig. Trotzdem spüren wir besonders in den letzten Jahren eine große Unsicherheit in unserem Land. Spätestens seit den islamistischen Terroranschlägen in Frankreich, Belgien, London und dem Attentat auf den Berliner Weihnachtsmarkt beschäftigen wir uns wieder mit Themen, von denen wir dachten und hofften, wir hätten sie längst überwunden: Rassismus und Antisemitismus!

Der politische und gesellschaftliche Wind weht heftig und fordert uns heraus, unsere Einstellungen zum Leben und zum Miteinander neu zu hinterfragen. Und so gibt es zu Recht vieles, was Menschen verunsichern kann und was uns die Zuversicht auf eine gelingende und sichere Zukunft rauben will.

Zu den Stürmen, die durch unser Land wehen, gesellen sich außerdem unsere ganz privaten Lebensstürme! Und die richten zum Teil noch viel größere Verwüstungen an: Da kommt ein Sturm und entreißt mir den Partner an meiner Seite oder einen anderen lieben Menschen, der mir Sicherheit und Geborgenheit gegeben hat. Da kommt ein Sturm und nimmt mir den Job, den ich seit vielen Jahren mit großem Pflichtbewusstsein ausgeübt habe. Da kommt ein Sturm und zerstört eine Freundschaft oder Beziehung, die mir so wertvoll war.

Das, was wir also im privaten und gesellschaftlichen Miteinander erleben, raubt uns die Freude und nimmt uns manchmal fast unbemerkt die Leichtigkeit unseres Seins. Der Gegenwind, den wir spüren, hindert uns an manchen Tagen, unbeschwert, vergnügt und zielstrebig unserer Wege zu gehen.

Darüber hinaus erschüttern Glaubensstürme unsere Beziehung zu Gott und auch die Beziehung zu unseren Mitmenschen. Lebensstürme verunsichern uns. Alles, was bisher in unserem Leben als unerschütterlich galt, kommt ins Wanken.

Im Folgenden möchte ich nun etwas genauer hinschauen und gemeinsam mit Ihnen überlegen, warum wir in stürmischen Zeiten mutlos werden und unsere Zuversicht verlieren!

Wir werden mutlos, weil uns der Optimismus verloren geht

Ein Pessimist sieht die Schwierigkeit bei jeder Gelegenheit, ein Optimist hingegen sieht die Gelegenheit in jeder Schwierigkeit.

———————————

Winston Churchill

Grundsätzlich bin ich Optimistin. Ich habe gelernt, positiv zu denken, und weigere mich, in die Trübsalsmelodien unserer Zeit mit einzustimmen. Doch beim Ansehen des letzten Jahresrückblicks im Fernsehen wurde auch mein Optimismus schwer auf die Probe gestellt.

Jahresrückblicke eignen sich ja wunderbar, um die vergangenen zwölf Monate noch einmal in aller Kürze Revue passieren zu lassen. Und so saß ich mit unserer jüngsten Tochter gespannt vor dem Fernseher, doch schon bald wurden wir mit den Bildern und Unglücken des letzten Jahres regelrecht überschüttet: Naturkatastrophen, Menschen auf der Flucht und die im Mittelmeer ertrinken, Jugendliche, die in Thailand in einer Höhle verschüttet sind. Terror, Gewalt, politische Diskrepanzen und internationale Konflikte. Eins ums andere wurden wir mit schrecklichen Bildern konfrontiert. Die paar romantischen Bilder der königlichen Hochzeit in England und ein Dutzend jubelnde deutsche

Wintersportler bei den Olympischen Winterspielen, die ihre sportlichen Erfolge feiern, konnten es kaum noch schaffen, unser Stimmungstief anzuheben.

Schließlich endete die Reportage mit der Aussage: „Zukunft braucht Zuversicht!"

„Ja", hörte ich mich daraufhin sagen, „aber braucht sie nicht noch viel mehr die Menschen, die sich trotz allem einen optimistischen Blick auf die Zukunft bewahren?"

Es stimmt, Zukunft braucht Zuversicht. Sie braucht aber wohl auch Menschen, die sich ihren Optimismus nicht so schnell rauben lassen. Menschen, die nicht immer nur das halb leere Glas sehen, sondern auch das halb volle Glas dankbar anerkennen.

Besonders in stürmischen Zeiten stehen wir in der Gefahr, unseren Optimismus über Bord zu werfen. Wir sehen plötzlich nur noch die Dinge, die derzeit nicht gut sind und können das Positive kaum noch wertschätzen. Jede Schwierigkeit, die uns in stürmischen Zeiten begegnet, nehmen wir als Hindernis auf unserem Weg wahr. Jede Windböe, die uns in stürmischen Zeiten trifft, kann uns ein Stück von unserem Optimismus nehmen. Es ist gut, wenn es uns gelingt, gerade auch in den schweren Zeiten positive Gefühle und Gedanken zu entwickeln und uns mit Menschen zu umgeben, die uns in unserer Situation durch gute Gedanken und positive Äußerungen den Blick weiten. Wir brauchen gerade in stürmischen Zeiten auch die Gewissheit, dass auf jeden Sturm eine ruhige Wetterphase folgt.

Fragen zum Weiterdenken

- *Sind Sie eher ein Pessimist oder ein Optimist?*
- *Wie schnell lassen Sie sich durch Ihr Umfeld entmutigen?*
- *Für welche Dinge und Umstände können Sie trotz Ihrer schwierigen Situation jetzt noch dankbar sein?*

Wir werden mutlos, weil wir unsere Identität und unsere Persönlichkeit hinterfragen

Mein Glaube ruht nicht auf dem, was ich bin und fühle oder weiß, sondern auf dem, was Christus ist, was er getan und was er jetzt noch für mich tut. Mein Vertrauen steht nicht darauf, dass ich heilig bin, sondern darauf, dass Christus meine Gerechtigkeit ist.

Charles Haddon Spurgeon

Ich mag den Herbst. Erst vor ein paar Tagen habe ich wieder einen ausgiebigen Spaziergang durch den Wald gemacht und die aufgewirbelten Blätter und den Wind genossen. Herrlich, wenn der Wind einem so richtig um die Nase weht. Sich in die Herbststürme zu stellen ist irgendwie mein Ding! Der Spaß hört allerdings spätestens dann auf, wenn sich zum Wind auch noch der Regen gesellt und wie feine Nadelstiche auf meine Haut trifft.

Tropfen für Tropfen weicht die Kleidung durch, und der Wind trägt das Nötige dazu bei, dass ich mich schon nach kurzer Zeit in meiner Haut unwohl fühle. Meine Motivation, länger als unbedingt nötig durch den Regen zu laufen, sinkt von Minute zu Minute. Das Gefühl, mich in meiner Haut nicht wohlzufühlen ist mir auch in stürmischen Zeiten nicht fremd.

Lebenskrisen, die durch Konflikte mit unseren Mitmenschen entstehen, gehen uns ganz besonders unter die Haut. Wie schnell sind Worte gesagt, oder Taten getan, mit denen wir einander verletzen.

Ich werde kritisiert – Nadelstich auf meiner Haut

Ich werde enttäuscht – Nadelstich auf meiner Haut

Ich werde beleidigt – Nadelstich auf meiner Haut

Ich erfahre Ablehnung – Nadelstich auf meiner Haut

Ich erfahre Respektlosigkeit – Nadelstich auf meiner Haut

Die Gefühle, *nicht zu genügen* oder *einfach nicht gut genug zu sein*, berühren uns tief in unserer Persönlichkeit und können dazu führen, dass wir uns selbst infrage stellen.

Immer wieder geraten Menschen in Lebensstürme, die sie zwingen, sich intensiv mit der eigenen Persönlichkeit auseinanderzusetzten. Und manchmal passiert es dann, dass sie sich selbst infrage stellen, was schließlich dazu führt, dass eine große Verunsicherung bleibt. Wer bin ich eigentlich, wenn andere mich infrage stellen? Wer bin ich eigentlich, wenn ich mich selbst infrage stelle?

Dietrich Bonhoeffer hat sich diese Frage auch gestellt und in seinem Buch *Widerstand und Ergebung* folgendes Gedicht dazu geschrieben:

Wer bin ich? Sie sagen mir oft,
ich träte aus meiner Zelle
gelassen und heiter und fest,
wie ein Gutsherr aus seinem Schloß.
Wer bin ich? Sie sagen mir oft,
ich spräche mit meinen Bewachern
frei und freundlich und klar,
als hätte ich zu gebieten.

Wer bin ich? Sie sagen mir auch,
ich trüge die Tage des Unglücks
gleichmütig lächelnd und stolz,
wie einer, der Siegen gewohnt ist.

Bin ich das wirklich, was andere von mir sagen?
Oder bin ich nur das, was ich selbst von mir weiß?
Unruhig, sehnsüchtig, krank, wie ein Vogel im Käfig,
ringend nach Lebensatem, als würgte mir einer die Kehle,
hungernd nach Farben, nach Blumen, nach Vogelstimmen,
dürstend nach guten Worten, nach menschlicher Nähe,
zitternd vor Zorn über Willkür und kleinlichste Kränkung,
umgetrieben vom Warten auf große Dinge,

ohnmächtig bangend um Freunde in endloser Ferne,
müde und leer zum Beten, zum Denken, zum Schaffen,
matt und bereit, von allem Abschied zu nehmen?

Wer bin ich? Der oder jener?
Bin ich denn heute dieser und morgen ein andrer?
Bin ich beides zugleich? Vor Menschen ein Heuchler
Und vor mir selbst ein verächtlich wehleidiger
Schwächling?
Oder gleicht, was in mir noch ist, dem geschlagenen Heer,
das in Unordnung weicht vor schon gewonnenem Sieg?

Wer bin ich? Einsames Fragen treibt mit mir Spott.
*Wer ich auch bin, Du kennst mich, Dein bin ich, o Gott!**

Die Auseinandersetzung mit der eigenen Persönlichkeit kann uns gerade in stürmischen Zeiten sehr verunsichern. Absolute Ermutigungskiller sind dann Menschen, die uns enttäuschen, beleidigen oder kritisieren. Wenn dann noch fehlende Wertschätzung oder Akzeptanz dazukommen, dann wird unsere Entmutigung umso größer.

Und dann gibt es außerdem die Lebensstürme, die uns entwurzeln, weil wir an unseren eigenen Unzulänglich-

---

* Dietrich Bonhoeffer, Widerstand und Ergebung. Briefe und Aufzeichnungen aus der Haft, Gütersloher Verlagshaus, Gütersloh 2011.

keiten, vermeintlichen Fehlern und Schwächen leiden. Gerade in Lebensphasen, in denen wir uns selbst und unsere Persönlichkeit hinterfragen, brauchen wir einen Menschen an unserer Seite, der uns versteht und uns – mit unserer teils depressiven Sicht und Haltung – annimmt. Es tut uns gut, wenn da jemand ist, mit dem wir ganz ehrlich unsere wirklich tiefen Lebensfragen besprechen können.

Je nachdem in welchem Lebenssturm wir uns gerade befinden, lohnt es sich, nach einem Menschen Ausschau zu halten, der uns in unserer Persönlichkeit und unserem Denken hinterfragen darf. Empathisches und wertschätzendes Hinterfragen kann dazu führen, dass wir unsere *Eigenanteile* am Sturm wahrnehmen und gegebenenfalls verändern können.

Fragen zum Weiterdenken

- *Wie wirkt sich Ihr Lebenssturm gerade aus? Leiden Sie mehr unter den Angriffen von „außen" oder an einer inneren Zerrissenheit, bei der Sie Ihre eigene Persönlichkeit hinterfragen?*
- *Fühlen Sie sich in Ihrer Persönlichkeit, Ihrem Menschsein erschüttert?*
- *Wie gehen Sie mit Kritik, Enttäuschungen und Verletzungen um?*
- *Gibt es einen Menschen in Ihrem Umfeld, vor dem Sie ganz ehrlich werden können und dem Sie erlauben, Sie zu hinterfragen?*

Wir werden mutlos, wenn wir die Grenzen unserer eigenen Kraft wahrnehmen

Nicht erst an den Grenzen unserer Möglichkeiten, sondern mitten im Leben muss Gott erkannt werden. *

Dietrich Bonhoeffer

Vor einigen Jahren haben wir mit unseren Kindern Urlaub am Mittelmeer gemacht. Einer dieser Tage, der Geburtstag unserer ältesten Tochter, sollte ein ganz besonderer werden, weshalb wir eine *Piratentour* auf einem großen Schiff buchten. Schon früh am Morgen ging es los. Viele fröhliche Urlauber waren an Bord. Die Stimmung war heiter, das Wetter perfekt. Weit draußen auf dem Meer konnten wir sogar Wale beobachten. Gegen Mittag steuerte der Kapitän auf eine Bucht zu. Als die Bucht in Sichtweite war, wurde uns die Erlaubnis gegeben, ins Meer zu springen und dort zu schwimmen. Bei so einem Angebot mussten wir nicht lange überlegen. Wir nahmen uns bei der Hand, zählten bis drei und sprangen in die Tiefe.

Doch schon bei den ersten Schwimmzügen wurde mir klar, dass wir diesen Spaß unterschätzt hatten. Die Wellen

---

* Dietrich Bonhoeffer, Widerstand und Ergebung. Briefe und Aufzeichnungen aus der Haft, Gütersloher Verlagshaus, Gütersloh 2011.

waren deutlich höher, als es von Deck ausgesehen hatte und jeder Schwimmzug kostete enorm viel Kraft. Ich hatte das Gefühl, dass wir vom Schiff weggetrieben wurden, schaute zu den Kindern und plötzlich ergriff mich Panik: Was ist, wenn wir nicht aus eigener Kraft wieder zum Schiff zurückschwimmen können?

Ich selbst hatte Mühe, mich über Wasser zu halten, da konnte ich unmöglich den Kindern noch helfen. In meiner Verzweiflung rief ich in Richtung Schiff, wo mein Mann von Deck aus unser *Abenteuer* beobachtete: „Die Wellen sind so hoch, wir schaffen es nicht, zum Schiff zu schwimmen. Ich hab gleich keine Kraft mehr!"

Mein Mann überlegte nicht lange, nahm drei Rettungsringe, warf sie uns entgegen, und dann kamen andere uns zur Hilfe und brachten uns sicher auf das Schiff zurück.

Offensichtlich hatten sowohl die Besatzung als auch wir die Strömung und den Wellengang an dieser Stelle deutlich unterschätzt. Niemals hätte ich gedacht, dass meine eigene Kraft so schnell verbraucht wäre.

Gerade in stürmischen Zeiten kommt die Frage auf: Habe ich genug Kraft, diese Lebensturbulenzen auszuhalten? Bin ich stark genug, um den Gegenwind, der mir so heftig ins Gesicht bläst, auszuhalten?

Die Wahrnehmung der eigenen Ressourcen spielt eine wichtige Rolle in stürmischen Zeiten. Bin ich körperlich und seelisch in einer stabilen Ausgangslage, kann ich Sturmböen und Turbulenzen durchaus einmal abwehren und vielleicht auch über eine längere Zeit aushalten? Oder bin ich in einer seelisch und körperlich ohnehin schon geschwächten Situation, die es mir erschwert, mich dem Wind zu stellen?

Fragen zum Weiterdenken

- *Wie schätzen Sie Ihre körperliche und gesundheitliche Ausgangssituation im Hinblick auf Ihren aktuellen Lebenssturm ein?*
- *Welche Ressourcen haben Sie, auf die Sie in stürmischen Zeiten zurückgreifen können?*
- *An wen könnten Sie sich ganz konkret wenden und um Unterstützung und Hilfe bitten?*
- *Wer kann Ihnen zum Rettungsanker werden?*

Wir werden mutlos, weil wir an der Gerechtigkeit zweifeln und uns fragen, ob das Glück uns verlassen hat

Das Vergleichen ist das Ende des Glücks und der Anfang der Unzufriedenheit.

———————————

Sören Kierkegaard

Tagtäglich führen wir in unserer Gesellschaft und auch in unsren Familien Diskussionen über die Gerechtigkeit. Daran wird deutlich, dass Gerechtigkeit vielen Menschen sehr wichtig ist. Schon Kinder haben ein hohes Bedürfnis danach, gerecht behandelt zu werden.

Leider fällt es uns in unserem Alltag aber oft schwer, genau zu bestimmen, was denn nun in dieser oder jener Situation gerecht ist, oder wie Gerechtigkeit aussehen müsste. Um ein vielfaches schwerer fällt uns die Beantwortung solcher Fragen jedoch in Lebenskrisen und stürmischen Zeiten:

Ist es denn gerecht, dass Menschen, die sich für andere einsetzen und sie schützen wollen, am Ende mit ihrem eigenen Leben dafür bezahlen?

Kann es gerecht sein, dass unschuldige Kinder und Jugendliche an den Folgen der Kriege leiden?

Ist es gerecht, dass junge Menschen an Krebs erkranken und ältere Menschen, die lebenssatt sind, lange leiden müssen, bevor sie sterben?

Wo bleibt die Gerechtigkeit, wenn diejenigen, die Macht haben, ihre Macht immer mehr ausspielen gegen die, die hilf- und schutzlos sind?

Lebensstürme und Katastrophen strapazieren unseren Glauben an eine gerechte Welt. Sie nehmen uns gleichzeitig die Illusion, dass guten Leuten einfach nichts Schlechtes widerfahren darf. Und wenn uns dann ein Lebenssturm erwischt hat, haben wir ganz schnell den Eindruck, dass uns zu alledem nun auch noch das Glück verlassen hat.

„Da hast du aber Glück gehabt", sagen wir, wenn eine Sache besser ausgegangen ist als erwartet. Umgekehrt werden wir sprichwörtlich vom Pech verfolgt, wenn sich eine schwere Situation an die nächste reiht.

Noch nie wurde so viel über Glück geredet und geschrieben wie in den letzten Jahren. Ganze Bücher wurden zu diesem Thema geschrieben. Es gibt ausgedehnte Glücksstudien, und Wissenschaftler beschäftigen sich mit der Frage, wo in unserem Land die glücklichsten Menschen leben. Man sollte also annehmen, dass wir bei so viel Wissen und Forschung rund um das Glück die glücklichsten Menschen der Welt seien, doch statistisch gesehen steigt die Zahl der unglücklichen Menschen in den letzten Jahren stetig an. Obwohl wir uns intensiv mit dem Glück beschäftigen, gelingt es vielen Menschen nicht, glücklich zu sein!

Da stellt sich doch die Frage: Was brauchen Menschen, um glücklich zu sein? Glaubt man den neuesten Forschungsergebnissen, dann müssen folgende Kriterien auf das Leben zutreffen, damit Menschen glücklich sind:

- Das Leben muss als erfüllt wahrgenommen werden.
- Das Leben muss sinnvoll sein.
- Das Leben muss in allen Bereichen als angenehm empfunden werden.

Treffen alle drei Kriterien zu, ist der Mensch glücklich!

Deutlich wird dabei aber vor allem, wie hoch wir unsere eigene Messlatte gelegt haben. Denn darf das Leben wirklich nur dann als glücklich bezeichnet werden, wenn es anhaltend als erfüllt, sinnvoll und angenehm empfunden wird?

Dietrich Bonhoeffer hat in einem seiner Briefe aus dem KZ folgenden Satz geschrieben: „Es gibt erfülltes Leben trotz vieler unerfüllter Wünsche!"* Er hat also offensichtlich erkannt: Erfüllung und Glück hängen nicht nur von einem äußerlich gelungenen Leben ab.

Ich frage mich, wie häufig gerade Dietrich Bonhoeffer die Frage nach der Gerechtigkeit in seinem Herzen bewegt hat. Denn schließlich erlebte er gerade im Dritten Reich tagtäglich eine Vielzahl an Ungerechtigkeiten.

Dietrich Bonhoeffer hat vor den Stürmen und Anfechtungen seines Lebens nicht die Augen verschlossen, und sehr wahrscheinlich würde er die Frage nach dem, was das Leben glücklich macht und zur Erfüllung bringt, mit einer ganz anderen Tiefe beantworten, als ich es zu beantworten vermag.

Gelungenes und glückliches Leben besteht aber ganz sicher nicht nur aus Glücksmomenten. Wer tiefes Glück und

---

* Dietrich Bonhoeffer, Widerstand und Ergebung. Briefe und Aufzeichnungen aus der Haft, Gütersloher Verlagshaus, Gütersloh 2011.

Erfüllung erleben möchte, der wird sich unweigerlich auch mit leidvollen Gefühlen auseinandersetzen müssen. Und dazu gehören eben auch Traurigkeit, Misserfolge, Verzweiflung und Verluste.

Fragen zum Weiterdenken

- *Wo empfinden Sie Ungerechtigkeit in Ihrem Leben? Wie gehen Sie damit um?*
- *Was brauchen Sie, um glücklich zu sein?*
- *Sehen/erleben Sie in belastenden Zeiten noch das kleine Glück in Ihrem Alltag?*
- *Wie hoch ist Ihre Bereitschaft, sich mit schwierigen Themen und Situationen auseinanderzusetzen?*

Wir werden mutlos, weil wir unser bisheriges Leben von Tag zu Tag mehr infrage stellen

In dem Augenblick, als ich Gott die Hand gab und Ja zu ihm sagte, wurde mir der Sinn meines Lebens klar.[*]

―――――――――――――――

Dag Hammarskjöld

―――――――――――――――――――――――――――――――

[*] https://www.evangeliums.net/zitate/dag_hjalmar_agne_carl_hammarskjoeld.htm

Manche Lebensstürme, in die wir geraten, wirbeln in uns die Frage auf, ob unser Leben, so wie wir es bisher geführt haben, wirklich *sinnvoll* war.

Krisen im Beruf oder der Partnerschaft, Krankheiten oder Trennungen, fehlende Anerkennung oder Wertschätzung – all das kann zu einer handfesten Sinnkrise führen. So sehen viele Menschen zum Beispiel plötzlich keinen Sinn mehr in ihrem Leben, wenn ihnen der Partner oder ein anderer geliebter Mensch genommen wird. Oder wir hinterfragen den Sinn unseres Lebens, wenn wir mit einer Diagnose oder Krankheit konfrontiert werden, die uns zwingt, unser Leben in andere Bahnen zu lenken. Und natürlich kommen wir ins Schleudern, was unseren Lebenssinn betrifft, wenn wir in beruflichen Schwierigkeiten stecken. In solchen Situationen ist es kein Wunder, dass wir immer mutloser werden.

Ich glaube, jeder Mensch wird im Laufe seines Lebens an eine Stelle geführt, an der die Frage nach dem Sinn des Lebens unumgänglich ist. Das war in allen Jahrhunderten vor uns auch schon so. Nur heute, in unserer individualisierten Welt, gibt es kein festes Regelwerk mehr, welches uns den Sinn des Lebens darlegt. Natürlich ist das eine große Freiheit. Allerdings kommt uns dadurch auch eine große Verantwortung zu, denn jeder von uns wird die Frage nach dem Sinn seines Lebens ganz persönlich klären müssen.

Weil wir gerade in unseren stürmischen Lebenszeiten der Frage nach dem Sinn unseres Lebens noch mal viel intensiver ausgesetzt sind, lohnt es sich aber, diese Frage nicht erst mitten im Sturm zu stellen!

Fragen zum Weiterdenken

- *Was gehört für Sie zu einem sinnvollen Leben?*
- *Hadern Sie noch immer mit Entscheidungen, die Sie in der Vergangenheit getroffen haben?*

Wir werden mutlos, wenn wir nicht mehr wissen, auf wen oder was Verlass ist

Gott hat uns nicht geschaffen, um uns in der Not zu verlassen.

———————————————

Michelangelo Buonarroti

Im vergangenen Jahr haben unsere Töchter gemeinsam einen Städtetrip gemacht. Ende Dezember ging es für die beiden mit dem Flieger von Frankfurt nach Lissabon. Während die Mädels in Lissabon bei angenehmen Temperaturen die Stadt erkundeten, war es bei uns in Deutschland kalt, stürmisch und ungemütlich. Für den Rückflug von Lissabon nach Deutschland waren starke Winde und Sturmböen angesagt. Während mein Mann und ich im Auto saßen und Richtung Flughafen unterwegs waren, um dort unsere

Töchter abzuholen, fegte der Wind heftig über die Auto-
bahn.

Unweigerlich schoss es mir durch den Kopf: *Ob der Pilot
die Maschine wohl sicher durch den Sturm nach Deutschland
bringt?*

Plötzlich waren sie da, die Angst und die Frage, ob der
Pilot vertrauenswürdig ist. Ob es gut ist, sich ihm anzuvertrauen. Mag er wohl genügend Erfahrung haben, um die
große Maschine sicher zu fliegen?

Es gibt Situationen in unserem Leben, da müssen wir uns
anderen Menschen anvertrauen.

Wenn wir im Krankenhaus liegen und schwer krank sind,
brauchen wir Ärzte und Schwestern, denen wir uns anvertrauen können.

Wenn wir morgens in den Bus steigen, um zur Arbeit zu
fahren, dann verlassen wir uns darauf, dass der Busfahrer
seinen Job gut macht.

Einen Konflikt mit einem Freund werden wir eher an-
sprechen, wenn wir uns darauf verlassen können, dass der
Freund trotz der Meinungsverschiedenheit zu uns steht und
uns nicht gleich die Freundschaft kündigt.

Lebensstürme bauen sich aber dann zu schieren Unwet-
tern auf, oder werden bedrohlich groß, wenn die Menschen
und Umstände, die uns bislang Sicherheit gegeben haben,
wegbrechen. Oder wenn wir in der Krise, in der wir stecken,
niemanden finden, an dem wir uns festhalten und auf den

wir uns verlassen können. Unser Mut wird immer kleiner, wenn wir uns in unseren Stürmen haltlos fühlen.

Für viele Menschen taucht deshalb mitten im Sturm auch die Frage nach Gott auf. Gibt es ihn denn überhaupt und wenn ja, warum lässt er diesen Sturm durch mein Leben wehen?

Menschen, die in ihrem Leben bislang keine Berührung mit Gott hatten, fühlen sich in stürmischen Zeiten in ihrer Annahme bestätigt, dass es gar keinen Gott geben kann. Denn würde es ihn geben, könnte er doch unmöglich solch großes Leid und solche Not zulassen.

Fragen zum Weiterdenken

- *Wo erleben Sie gerade, dass Menschen oder Umstände wegbrechen und Ihnen Ihre Sicherheit nehmen?*
- *Gibt es jemanden, dem Sie sich in Ihrer Situation anvertrauen können?*
- *Fragen Sie sich, ob Gott da ist und ob er Ihre Situation sieht?*
- *Fühlen Sie sich von Gott alleingelassen?*
- *Wer ist Ihnen im Moment eine Stütze? Auf wen können Sie sich verlassen?*

Wir werden mutlos, wenn wir die Perspektive für die Zukunft verlieren

Hindernisse sind die furchteinflößenden Dinge,
die du siehst, wenn du deinen Blick vom Ziel abwendest.

Hannah More

Beim Durchblättern der Tageszeitung am frühen Morgen darf der Blick auf das Wetter für viele Menschen nicht fehlen. Besonders begehrt ist die Rubrik: „Aussichten für die nächsten Tage".

Gerade in Schlechtwetterphasen freut man sich besonders, wenn der Wetterdienst endlich wieder besseres Wetter in Aussicht stellt. Die Perspektive, dass nach einer Woche Regen endlich wieder die Sonne scheint, lässt uns auch die trüben Tage überstehen. Gute Prognosen und Aussichten heben unsere Stimmung – und das nicht nur beim Wetter. Wie erleichternd klingt es doch, wenn der Arzt uns in Krankheitszeiten mitteilt: „Die Aussicht auf Heilung ist groß."

Doch was ist, wenn die Prognosen für die Zukunft nicht gut sind? Wenn der Arzt keine guten Nachrichten für uns hat, der Arbeitsmarkt nicht die richtige Stelle für mich aufweist oder der Partner auf einmal das Ende der Beziehung wünscht?

So wie gute Aussichten uns an trüben Tagen Kraft geben, so rauben uns schlechte Aussichten unsere Kraft und verschleiern unseren Blick auf die Zukunft.

Ich kenne viele Menschen, denen gerade in stürmischen Zeiten eine gute Perspektive für die Zukunft verloren gegangen ist. Oft liegt es daran, dass wir uns nicht vorstellen können, wie wir durch die Veränderung, die der Sturm mit sich bringt, weiterleben können. Und nicht zuletzt versuchen wir in solchen Situationen, uns gegen die Veränderungen zu wehren und den alten Zustand wiederherzustellen, was meistens nicht mit positiven Gefühlen einhergeht.

Wer mitten im Sturm steckt, kann sich zudem auch kaum vorstellen, dass es jemals wieder in seinem Leben ruhig werden wird. Die Frage nach dem „Wie lange denn noch?" macht uns mürbe und mutlos. Und nichts sehnen wir in solchen Zeiten mehr herbei als das Ende des Sturms oder zumindest Orte, an denen der Sturm uns nichts anhaben kann.

Fragen zum Weiterdenken

- *Wer oder was raubt Ihnen in Ihrem Lebenssturm die Perspektive auf eine gelingende Zukunft?*
- *Was könnte Ihnen helfen, wieder mutig nach vorne zu schauen?*
- *Gibt es Menschen in Ihrem Umfeld, die Sie ermutigen und mit denen Sie gemeinsam eine Vision für Ihren weiteren Weg entwickeln können?*

LEBENSSTÜRME SIND SO ALT
WIE DIE MENSCHHEITSGESCHICHTE

Lebensstürme sind so alt wie die Menschheitsgeschichte. Auch wenn wir den Eindruck haben, dass die Zeiten immer schwieriger werden, müssen wir uns bewusst machen, dass Menschen durch alle Zeiten hindurch Stürme erlebt haben. Sicher waren sie alle ganz verschieden – mal heftiger, mal weniger heftig –, aber immer so, dass der Sturm Veränderungen gebracht hat.

Ich bin dankbar, dass die Bibel diese Geschichten nicht verschweigt, sondern uns ganz ehrlich davon berichtet, wie Menschen in Stürme geraten sind.

Einige Sturmgeschichten sind sehr bekannt, wie zum Beispiel die Geschichte der Sturmstillung im Neuen Testament:

Die Stillung des Sturms

Und es begab sich an einem der Tage, dass er in ein Boot stieg mit seinen Jüngern; und er sprach zu ihnen: Lasst uns über den See fahren. Und sie stießen vom Land ab. Und als sie fuhren, schlief er ein. Und es kam ein Windwirbel über den See, und die Wellen überfielen sie, und sie waren in großer Gefahr.

Da traten sie zu ihm und weckten ihn auf und sprachen: Meister, Meister, wir kommen um! Da stand er auf und bedrohte den Wind und die Wogen des Wassers, und sie legten sich, und es entstand eine Stille.

Er aber sprach zu ihnen: Wo ist euer Glaube? Sie aber fürchteten sich und verwunderten sich und sprachen zueinander: Wer ist dieser? Auch dem Wind und dem Wasser gebietet er, und sie sind ihm gehorsam!

(Lukas 8,22–25)

Jesus ist in dieser Geschichte mit seinen Jüngern im Boot auf dem See Genezareth unterwegs. Während er tief und fest schläft, zieht ein heftiges Unwetter mit einem starken Sturm heran. Die Jünger geraten in Panik und haben Angst, zu ertrinken. In ihrer großen Angst wecken sie Jesus, der noch immer tief schläft.

Jesus ist ganz ruhig und schaut fragend in die Augen der ängstlichen Männer. „Warum habt ihr Angst – habt ihr denn keinen Glauben?" Und dann gebietet er dem Sturm und den Wellen Einhalt. Plötzlich wird der aufgewühlte See ruhig und das Unwetter legt sich.

Mitten im Sturm erweist Jesus sich als Herr und Meister über den Sturm!

Aber es gibt auch noch zahlreiche andere Geschichten, die sich erst auf den zweiten Blick als *Sturmgeschichte* herausstellen. Ich denke zum Beispiel an die Geschichte von Josef, die uns im Alten Testament, dem ersten Teil der Bibel, erzählt wird. Dort wird uns berichtet, wie Josef von seinen Brüdern verkauft wird. Sie haben keinen größeren Wunsch, als ihren jüngsten Bruder loszuwerden, weil sie zutiefst davon überzeugt sind, dass Josef das Lieblingskind ihres Vaters ist. Diesen Gedanken können sie kaum ertragen und so verkaufen sie Josef für 20 Silberstücke an die Ismaeliter (1. Mose 37).

Josef gerät dadurch in einen schweren Lebenssturm, der ihn aus seinem familiären Umfeld herrausreißt. Alles, was ihm bisher Sicherheit gegeben hat, scheint wegzubrechen. Verraten und verkauft – ohne Perspektive für die Zukunft.

Und da ist die Geschichte der Ehebrecherin, die uns im Johannesevangelium erzählt wird (Johannes 8,1–11). In ihr wird berichtet, dass eine auf frischer Tat beim Ehebruch ertappte Frau von den Pharisäern angeklagt und vor Jesus gezerrt wird. In aller Öffentlichkeit stellt man sie zur Schau und macht sie zum Gespött der Leute. Und so steht sie da –

in einem Sturm von Vorwürfen, Aggressionen und Lieblosig-keit. Doch sie erfährt, wie Jesus sich schützend vor sie stellt und ihr Sturm sich legt.

Meine *Lieblingssturmgeschichte* aus der Bibel hat jedoch zunächst gar nichts mit einem wirklichen Sturm zu tun. Und dennoch beschreibt diese Geschichte so grundehrlich und aufrichtig, wie man innerlich und äußerlich in Seenot geraten kann.

Haben Sie Lust, mit mir die Geschichte von Asaph zu ent-decken?

PSALM 73 (LU)
Ein Psalm Asaphs.

Gott ist dennoch Israels Trost für alle,
die reinen Herzens sind.
Ich aber wäre fast gestrauchelt mit meinen Füßen;
mein Tritt wäre beinahe geglitten.
Denn ich ereiferte mich über die Ruhmredigen,
da ich sah, dass es den Frevlern so gut ging.
Denn für sie gibt es keine Qualen,
gesund und feist ist ihr Leib.
Sie sind nicht in Mühsal wie sonst die Leute
und werden nicht wie andere Menschen geplagt.
Darum prangen sie in Hoffart und hüllen sich in Frevel.
Sie brüsten sich wie ein fetter Wanst,
sie tun, was ihnen einfällt.
Sie höhnen und reden böse,
sie reden und lästern hoch her.
Was sie reden, das soll vom Himmel herab geredet sein;
was sie sagen, das soll gelten auf Erden.
Darum läuft ihnen der Pöbel zu

und schlürft ihr Wasser in vollen Zügen.
Sie sprechen: Wie sollte Gott es wissen?
Wie sollte der Höchste etwas merken?
Siehe, das sind die Frevler;
die sind glücklich für immer und werden reich.
Soll es denn umsonst sein, dass ich mein Herz rein hielt
und meine Hände in Unschuld wasche?
Ich bin täglich geplagt,
und meine Züchtigung ist alle Morgen da.
Hätte ich gedacht: Ich will reden wie sie,
siehe, dann hätte ich das Geschlecht deiner Kinder
verraten.
So sann ich nach, ob ich's begreifen könnte,
aber es war mir zu schwer,
bis ich ging in das Heiligtum Gottes
und merkte auf ihr Ende.
Ja, du stellst sie auf schlüpfrigen Grund
und stürzest sie zu Boden.
Wie werden sie so plötzlich zunichte!
Sie gehen unter und nehmen ein Ende mit Schrecken.
Wie ein Traum verschmäht wird, wenn man erwacht,
so verschmähst du, Herr, ihr Bild, wenn du dich erhebst.
Als es mir wehe tat im Herzen
und mich stach in meinen Nieren,
da war ich ein Narr und wusste nichts,
ich war wie ein Tier vor dir.

Dennoch bleibe ich stets an dir;
denn du hältst mich bei meiner rechten Hand,
du leitest mich nach deinem Rat
und nimmst mich am Ende mit Ehren an.
Wenn ich nur dich habe,
so frage ich nichts nach Himmel und Erde.
Wenn mir gleich Leib und Seele verschmachtet,
so bist du doch, Gott, allezeit meines Herzens Trost und
mein Teil.
Denn siehe, die von dir weichen, werden umkommen;
du bringst um alle, die dir die Treue brechen.
Aber das ist meine Freude, dass ich mich zu Gott halte
und meine Zuversicht setze auf Gott den HERRN,
dass ich verkündige all dein Tun.

Versetzen wir uns einfach mal zurück in Asaphs Situation: Asaph war ein Sohn Berechjas. Aufgrund seines Stammbaums gehörte er zu den sogenannten Leviten. Ursprünglich war der Stamm der Leviten ein Priesterstamm. Später waren die Leviten als Tempeldiener, Tempelsinger und Tempelmusiker den Priestern untergeordnet. Dementsprechend war auch Asaph Musiker und Sänger im Tempel in Jerusalem und diente Gott als Lobsänger. (1. Chronik 6,24; 15,17; 16,5; 26;).

Doch ganz besonders ist von ihm zu erwähnen, dass er gemeinsam mit König David die Bundeslade nach Jerusalem gebracht hat.

Als Levit wuchs Asaph in einer gottesfürchtigen Familie auf. Heute würden wir sagen: Er war christlich sozialisiert. Von Kindesbeinen an hörte er vermutlich die Geschichten, die Israel mit Gott erlebt hatte. Der Gott seines Volkes war ihm vertraut, und sicher hatte er schon früh gelernt, seine Gesetze zu halten.

Asaph ist in einem Umfeld aufgewachsen, in dem der Glaube an Gott im Alltag eine zentrale Rolle spielte. Als erwachsener, junger Mann blieb er auf der Spur des Glaubens und wurde Lobsänger im Tempel in Jerusalem. Später stieg er die Karriereleiter empor und wurde sogar Chorleiter.

Viel mehr wissen wir leider nicht von ihm, denn die Bibel berichtet uns darüber hinaus kaum etwas über ihn. Allerdings gibt es einen kleinen Schatz, der uns von ihm überliefert wurde, denn einige seiner Lieder sind im Buch der Psalmen niedergeschrieben.

Insgesamt schreibt man Asaph zwölf Psalmen zu: Psalm 50 und die Psalmen 73-83. Das wohl bekannteste Lied beziehungsweise Gebet Asaphs ist im Psalm 73 aufgeschrieben. Dieser Psalm hat im Laufe der Jahrhunderte eine besondere Bedeutung gewonnen und ist wohl der Psalm, der am ehesten mit Asaph in Verbindung gebracht wird.

Asaphs Name bedeutet so viel wie: „Gott hat mich angenommen." Und dieser Name wurde Programm für ihn.

Ich kann mir gut vorstellen, dass Asaph in seinem Leben ganz viel Gutes von Gott empfangen hat. An den meisten

Tagen seines Lebens werden ihm die Lob- und Danklieder fröhlich über die Lippen gegangen sein. Sicher hat er mit seinen Liedern und Lobgesängen auch andere Menschen mit in das Gotteslob hineingenommen und ihnen davon erzählt, wie groß der Gott Israels ist.

Es fällt mir auch nicht schwer zu glauben, dass Asaph ein dankbarer und froher Mensch gewesen ist. Umso mehr beeindruckt es mich, wie ehrlich er uns im 73. Psalm mit seiner ganz persönlichen Not und mit seinen Glaubenszweifeln und Anfechtungen konfrontiert. Es beeindruckt mich, dass er nicht verschwiegen hat, wie er als gläubiger Mensch in einen heftigen Glaubenssturm geraten ist. Nein, das Leben ist nicht immer nur gut und einfach – davon wusste Asaph eben auch ein Lied zu singen.

Wir erfahren in dem, was er geschrieben hat, nicht konkret, welche Not ihn belastete. Da können wir nur spekulieren. War es eine schwere Krankheit, die plötzlich in sein Leben gekommen ist? Waren es vielleicht Anfechtungen und Anfeindungen von Menschen?

Was auch immer es gewesen sein mag, eins wird deutlich: Asaph war angefochten. Um ihn her tobte ein Sturm und er verstand Gott und die Welt nicht mehr.

Mit seinem ganzen Kummer wandte er sich an Gott, der für ihn genau der richtige Ansprechpartner war. Mit ihm wollte er ringen und um Wahrheiten kämpfen. Doch bevor die ganze Lawine seines Unverständnisses gegenüber Gott und der Welt losbrach, vergewisserte er sich zunächst seines Glaubens und stellte fest: Gott ist dennoch Israels Trost für alle, die reinen Herzens sind (Vers 1).

Er führte sich vor Augen, wie Gott ist – unabhängig von dem, was sein Leben gerade ausmachte. Auch wenn er es gerade nicht empfinden konnte, hielt er daran fest: Gott ist ein Gott, der helfen kann. Gott ist ein Gott, auf den man sich verlassen kann und Gott ist der, der sein Volk trösten kann!

Dem gegenüber steht aber das, was Asaph aktuell in seinem Leben erlebte. Und das passte überhaupt nicht zu dem, was er bis dahin von Gott wusste und mit ihm erlebt hatte.

Diese große Diskrepanz zwischen Verstand und wahrem Leben brachte ihn in eine innere Zerrissenheit. Plötzlich war da nicht das reine und aufrichtige Herz, sondern in ihm waren Gedanken der Wut und des Ärgers. Er spürte, dass sein Herz in Gefahr war. So sehr, dass er fast zu Fall gekommen wäre und den Boden unter den Füßen verloren hätte: „Ich aber wäre fast gestrauchelt mit meinen Füßen, mein Tritt wäre beinahe geglitten" (Vers 2).

Asaphs seelische Not wirkte sich auf sein körperliches Empfinden aus, denn er hatte den Eindruck, dass er keinen Schritt mehr vorwärtsgehen konnte auf dem Weg, den er bisher mit Gott gegangen war.

Ausführlich beschrieb er in den folgenden Versen, worüber er sich aufgeregt und geärgert hatte: „Denn ich ereiferte mich über die Ruhmredigen, als ich sah, dass es den

Gottlosen so gut ging. Denn für sie gibt es keine Qualen, gesund und feist ist ihr Leib. Sie sind nicht in Mühsal wie sonst die Leute und werden nicht wie andere Menschen geplagt. Darum prangen sie in Hoffart und hüllen sich in Frevel. Sie brüsten sich wie ein fetter Wanst, sie tun, was ihnen einfällt. Sie achten alles für nichts und reden böse, sie reden und lästern hoch her. Was sie reden, das soll vom Himmel herab geredet sein, was sie sagen, das soll gelten auf Erden. Darum fällt ihnen der Pöbel zu und läuft ihnen zu in Haufen wie Wasser. Sie sprechen: Wie sollte Gott es wissen? Wie sollte der Höchste es merken? Siehe, das sind die Gottlosen; die sind glücklich in der Welt und werden reich!" (Verse 3–12.)

Asaph beschäftigte sich mit einer Frage, die sich auch viele andere Menschen gestellt haben: „Ist es denn gerecht, dass es denen, die gar nicht nach Gott fragen, so gut geht und mir so schlecht?"

Zum Verständnis dieser Verse muss man ein wenig die Hintergründe bedenken, in denen Asaph dieses Gebet geschrieben hat. Zu seiner Zeit galt Wohlergehen nämlich als ein Beweis für ein Leben, das Gott gefällt. Dementsprechend verstand man persönliches Leid als eine Strafe Gottes.

Für Asaph war es überhaupt nicht nachvollziehbar, wie ein Mensch, der die Ordnungen und Gebote Gottes einhielt, ins Unglück geraten konnte, während denen, die nicht nach Gott fragten, scheinbar nur Gutes passierte. Sein Fokus lag auf den Menschen, denen es gut ging und deren Leben glücklich zu sein schien. Er verglich sein Leben und seine aktuelle Situation mit dem scheinbar wundervollen und glücklichen Leben der anderen. Es klingt fast so, als ob er auf das Leben seiner Mitmenschen neidisch war.

Asaph scheint eine sehr genaue Vorstellung davon gehabt zu haben, wie die Lebenslinien bestimmter Menschengruppen verlaufen sollten. Er kämpfte innerlich damit, wie mühelos und unangefochten die Gottlosen in den Tag hinein lebten. Er hatte den Eindruck, dass sie weder Krankheit noch Plage kannten. Und zu allem Überfluss verspotteten sie Gott und machten sich über ihn lustig. Das alles konnte er mit seinem Verstand nicht mehr erklären. In ihm nagte der Zweifel und er fragte sich: „Soll es denn umsonst gewesen sein, dass ich mein Herz rein hielt und meine Hände in Unschuld wasche? Ich bin täglich geplagt und meine Züchtigung ist alle Morgen da" (Vers 13 und 14).

Asaph verdrängte seine Anfragen und seine Enttäuschungen nicht. Er sprach aus, was ihn bewegte. Dabei schien er aber immer mehr zu verstehen: Derartige Fragen bringen ihn nicht weiter. Im Gegenteil: Wenn er so weiterfragte, dann würde er sich immer mehr von Gott entfernen.

„Hätte ich gedacht: Ich will reden wie sie, siehe, dann hätte ich das Geschlecht deiner Kinder verleugnet" (Vers 15). Nein, ohne Gott leben, das wollte er nicht – aber er wollte doch wenigstens verstehen, warum Gott das alles zuließ.

Und dann kam ganz unerwartet die Wende! Der Sturm, der in und um Asaph wehte, legte sich in dem Moment, in dem er den Weg in den Tempel ging. Heute würden wir sagen: als er bewusst zurücktrat und die Ruhe und Gegenwart Gottes suchte!

„So sann ich nach, ob ich es begreifen könnte, aber es war mir zu schwer. Bis ich ging in das Heiligtum Gottes und merkte auf ihr Ende" (Vers 16 und 17). Asaph machte sich auf den Weg in den Tempel. Dort in der Nähe Gottes fielen plötzlich alle Bitterkeit, Wut und Enttäuschung von ihm ab. Sein pochendes Herz wurde ruhiger und fand in den gewohnten Rhythmus zurück. Ganz allmählich sortierten sich seine Gedanken und Gefühle neu.

Asaph erkannte: Die Menschen, die ihr Leben nicht in der Beziehung zu Gott leben, befinden sich doch nur in einer Scheinwelt des Glücks. Das, was sie erleben, hat nur für eine kurze Zeit Bestand. Diese Scheinwelt des Glücks wird eines Tages vergehen und dann ist die Frage, was wirklich Bestand hat und was im Leben zählt.

„Ja, du stellst sie auf schlüpfrigen Grund und stürzt sie zu Boden. Wie werden sie so plötzlich zunichte! Sie gehen unter und nehmen ein Ende mit Schrecken. Wie ein Traum verschmäht wird, wenn man erwacht, so verschmähst du, Herr, ihr Bild, wenn du dich erhebst" (Vers 18–20). Gott half Asaph, über den „Tellerrand" hinauszublicken und malte ihm die *göttliche* Perspektive vor Augen. Das tat er, indem er ihm offenbarte, dass es eine Wirklichkeit gibt, die weit über das hinausgeht, was er augenblicklich empfand und erlebte. Asaph konnte das Leben plötzlich vom Ende her betrachten.

Am Ende der Zeit werden alle Menschen einmal vor Gott stehen. Und dann wird offenbar werden, wie wir unser Leben gelebt haben. Entscheidend wird dann nicht sein, ob uns im Leben alles geglückt ist und ob unser Leben sich an allen Tagen gut angefühlt hat. Entscheidend wird dann sein, ob das, was wir getan und wie wir gelebt haben, geprägt war durch die Beziehung zu unserem himmlischen Vater.

Für alle, die hier und heute ihr Leben mit Gott gelebt haben, wird er eine Ewigkeit bereithalten, die all unser Vorstellungsvermögen übersteigt! Alle Stürme müssen still werden, alles Leid, alle Not wird dann nicht mehr sein. Gott wird eine Herrlichkeit für uns bereithalten, in der Friede kein Gedanke mehr ist, sondern Realität: Friede mit uns selbst, Friede in den Beziehungen, in denen wir gelebt haben und tiefer Friede in der Beziehung zu Gott!

Diese Einsicht veränderte Asaphs Denken. Er konnte sich selbst wieder im richtigen Licht sehen. Er freute sich nicht über das Schicksal der Gottlosen, aber die Ahnung dessen, wie Gottes Plan mit seinen Menschen aussieht, trat wieder in den Vordergrund. Und er merkte, wie ihn sein Denken und seine Empfindungen in eine falsche Richtung getrieben und ihn sogar körperlich in Bedrängnis gebracht hatten.

Er reflektierte sein Denken und Fühlen vor Gott und bekannte, wie falsch er manches wahrgenommen hatte. Das sehen wir in den folgenden Versen: „Als es mir wehe tat im Herzen, und mich stach in meinen Nieren, da war ich wie ein Narr und wusste nichts, ich war wie ein Tier vor dir" (Vers 21 und 22).

Und dann traf er eine Entscheidung: „Dennoch bleibe ich stets an dir, denn du hältst mich bei meiner rechten Hand, du leitest mich nach deinem Rat und nimmst mich am Ende mit Ehren an. Wenn ich nur dich habe, so frage ich nichts nach Himmel und Erde.

Wenn mir gleich Leib und Seele verschmachtet, so bist du doch Gott, allezeit meines Herzens Trost und mein Teil. Denn siehe, die von dir weichen, werden umkommen, du bringst um alle, die dir die Treue brechen" (Verse 23–27).

Spüren Sie die Veränderung, die Wende, die sich mitten im Sturm abzeichnete? Endlich fühlte Asaph sich getröstet. Getröstet durch die Nähe Gottes. Und er bekam neue Hoffnung. Nicht, weil sich seine Situation schlagartig verändert hätte, sondern weil er die Gegenwart und Kraft Gottes spürte. Irgendwie schien er begriffen zu haben: Gott ist da; Gott war die ganze Zeit da!

Mitten in seiner Not und seiner Anfechtung hatte Gott sich zu keinem Zeitpunkt von ihm abgewendet, auch nicht in der Phase, als er in der Gefahr stand, seinem Gott den Rücken zu kehren. Nein, Gott hatte ihm die Hand gereicht und förmlich gerufen: „Asaph, ergreif doch meine Hand – ich halte dich fest!"

Genau das ist die Ruhe im Sturm!

Wenn wir spüren: Plötzlich ist da eine Kraft, die nicht aus uns selbst heraus kommt. Da ist eine Kraft, die uns hilft, nicht aufzugeben. Da ist eine Kraft, die uns sagt: „Du wirst es schaffen!"

Da ist eine Kraft, die uns zu trösten vermag!

Da ist eine Kraft, die uns sagt: „Du bist nicht allein!"

Es ist die Kraft Gottes und das Wirken des Heiligen Geistes!

Ich habe fast den Eindruck, dass Asaph die Hand Gottes in diesem Moment vor sich sah. Dass er spürte, mit welcher Sehnsucht und Liebe sein großer Gott in aller Not an seiner Seite stand. Gottes Hand zu ergreifen – das war das Beste, was er in diesem Moment tun konnte! Und genau das tat er!

Wissen Sie, genau das ist Hoffnung – wenn Menschen in hoffnungslosen und aussichtslosen Momenten ihres Lebens spüren: Gott ist da! Da ist eine Kraft, die mich jetzt auffängt. Da ist eine Ruhe mitten im Sturm!

Ganz allmählich wuchs in Asaph wieder der Wunsch, sich diesem Gott neu anzuvertrauen. Und so festigte er seine Beziehung zu ihm und legte sich endgültig fest: „Dennoch bleibe ich stets an dir. Ja, ich bleibe an dir, weil deine Hand mich hält!"

Und dann ging er sogar noch einen Schritt weiter. Weil sein neu gewonnenes Vertrauen zu Gott so groß war, nahm er sich vor, allen Menschen davon zu erzählen: „Aber das ist meine Freude, dass ich mich zu Gott halte und meine Zuversicht setze auf Gott, den Herrn, dass ich verkündige all dein Tun" (Vers 28).

Asaph schöpfte neue Hoffnung und fand zu wahrer Lebensfreude zurück, die trotz aller widrigen Lebensumstände Bestand hatte. Die Quelle seiner Freude war Gott selbst. Er war sich gewiss, dass Gott ihm immer nahe war und sein würde. Diese wunderbare Erkenntnis konnte er nicht für sich behalten. So wurde er zum Verkündiger und Ermutiger für alle, die gerade mitten im Sturm stehen. Er wurde zum Hoffnungsträger für alle Menschen, denen die Hoffnung und Zuversicht verloren gegangen ist.

ASAPHS GESCHICHTE –
ZUMUTUNG ODER ERMUTIGUNG?

So, das ist sie nun, die Geschichte von Asaph. Das ist sein Gebet, das sind seine Worte. Worte, die er vermutlich in seinem schwersten Lebenssturm niedergeschrieben hat. Haben Sie entdeckt, dass Asaphs Sturm auch die ganze Bandbreite an Gefühlen und Fragen aufgeworfen hat, die wir aus unseren eigenen Lebensstürmen kennen:

Wo bleibt meine Zuversicht, mein Optimismus?

Wer bin ich eigentlich mitten im Sturm?

Was ist, wenn meine Kraft nicht reicht?

Und wo bleibt denn hier die Gerechtigkeit?

Hat das Glück mich ein für alle Mal verlassen?

Habe ich in der Vergangenheit etwas falsch gemacht?

Wo bist du Gott? Auf wen kann ich mich denn jetzt noch verlassen?

Gibt es für mich eine Zukunft, die gut ist?

Wann endlich legt sich der Sturm?

Fragen über Fragen! Asaphs Geschichte ist wirklich keine leichte Kost!

Die Lebenskrise, in die er geraten ist, ist gleichzeitig eine handfeste Glaubenskrise. Und an der lässt er uns in voller Bandbreite teilhaben.

Wir erfahren von seiner inneren Zerrissenheit. Wir lesen, was er über seine Mitmenschen denkt. Seine Worte klingen hart und vernichtend. Wie kann ein so gläubiger Mensch denn derart böse Worte finden? Beim Lesen der ersten Verse möchte ich manchmal sagen: „Asaph, jetzt reiß dich aber mal am Riemen. So redet man doch nicht über andere Menschen!"

Aber Asaph spricht aus, was er fühlt und erlebt. Und er drückt nicht nur das aus, was er gegenüber seinen Mitmenschen empfindet, sondern er reflektiert auch sehr genau, wie es um ihn steht. Ja, seine Welt ist aus den Fugen geraten und er versteht weder sich selbst noch versteht er Gott. Ohnmächtig, kraftlos und erschöpft ist er. Wie oft hat er Loblieder auf seinen großen Gott angestimmt und andere mit in das Lob hineingenommen. Und jetzt scheint dieser große Gott so unendlich weit entfernt zu sein.

Da sind so viele Fragen in ihm, auf die er keine Antwort hat. Und die wichtigste aller Fragen scheint ihn schier verrückt zu machen: „Wie passt das, was ich gerade erlebe, mit dem zusammen, was ich seit Jahren glaube? Soll ich weiter an Gott festhalten oder nicht?"

Er ist kurz davor alles hinzuschmeißen – auch seine Beziehung zu Gott. Er sieht keinen Sinn mehr darin, an einen

Gott zu glauben, der ihm so viel persönliche Not zumutet. An diesem Punkt bleiben ihm nur zwei Möglichkeiten. Sich von Gott abzuwenden oder vielleicht mit allerletzter Kraft noch mal den Weg zu Gott zu suchen.

Asaph entscheidet sich für den zweiten Weg. Er geht in den Tempel und sucht die Nähe Gottes. Und dort schenkt Gott ihm einen heiligen Moment. Denn für einen Augenblick kann Asaph wegschauen von seiner notvollen Situation und aufschauen zu Gott. Es ist gerade so, als ob Gott zu ihm sagen würde: „Ja, Asaph, all die Not und Anfechtungen sind in deinem Leben da, aber ich bin auch da! Ich bin mittendrin und lasse dich in den Stürmen deines Lebens nicht los. Ich halte dich fest, vertraue mir!"

Wie Schuppen fällt es Asaph von den Augen: „In stürmischen Zeiten gibt es keinen sichereren Halt als an der Hand Gottes". Und diese Erkenntnis führt ihn zu der vielleicht wichtigsten Entscheidung für sein weiteres Leben!

Dennoch bleibe ich stets an dir, denn du hältst mich bei meiner rechten Hand! Dennoch! Trotz allem! Und jetzt erst recht!

Warum? Weil Gott ihn hält. Es kommt jetzt nicht auf seine eigene Kraft und auf seinen Verstand an – es kommt darauf an, Gott zu vertrauen und seine Hand zu ergreifen.

Auch wenn er so vieles nicht versteht, auch wenn seine Situation sich nicht gleich ändern wird – er entscheidet sich dafür, die Hand Gottes zu ergreifen.

Dennoch, trotz allem will er zu Gott gehören. *Dieses* „Dennoch des Glaubens" ist also zuallererst eine Entscheidung. Es ist die Entscheidung, Gott trotz aller Anfechtungen und Lebenskrisen zu vertrauen. Vieles in unserem Leben kann uns genommen werden – aber die Beziehung zu unserem Schöpfer, unserem Gott ist das höchste Gut, was wir besitzen können. Im Leben und im Sterben.

Die Beziehung zu Gott hilft Asaph nun auch, sein Leben noch mal aus einem anderen Blickwinkel zu betrachten. Asaph erkennt: „Mein Leben ist nicht nur dann glücklich und sinnvoll, wenn ich von allem Leid und allem Schmerz bewahrt bleibe. Es ist auch nicht nur dann glücklich und sinnvoll, wenn mir Reichtum und große Güter zufallen."

Nein, sein Leben hat Sinn und erfährt Glück durch die Beziehung zu seinem Schöpfer, der sich gerade in Zeiten der Not und Krisen nicht vom ihm abwendet, sondern seine Hand ergreift.

Langsam aber sicher tastet er sich zurück ins Leben. Neue Hoffnung macht sich in ihm breit und eine tiefe Freude erfüllt ihn. Gott hat ihm eine Perspektive ins Herz gelegt, die ihn weit über seine momentane Situation hinaus blicken lässt.

Diese Perspektive trägt ihn in seiner Not und eröffnet ihm gleichzeitig den Blick über die schwere Zeit hinaus. Einmal, ganz am Ende seines Lebens, wird er in der Gegenwart Gottes sein. Diese Hoffnung gibt ihm Trost und Kraft in seinem Sturm!

Asaphs Klagelieder verstummen, und nach einiger Zeit stimmt er ganz neue Loblieder an, in denen er der ganzen Welt verkündet, wie wunderbar und groß Gott ist.

Ich bin dankbar, dass Asaph uns seinen Glaubenskampf und seine Lebenskrise nicht verschwiegen hat. Durch alle Glaubenszweifel und Anfechtungen hindurch wird er zum Ermutiger und zum Träger der Hoffnung für alle, die selbst durch schwere Lebensstürme gehen.

Asaphs Geschichte begleitet mich seit meiner Jugend. Es war kurz nach meiner Konfirmation. Damals war es eigentlich auch schon *normal*, dass mit der Konfirmation der Weg in und mit der Kirche für die meisten Jugendlichen endete, bevor er überhaupt richtig begonnen hatte. Und so war es für die meisten meiner Freunde völlig unverständlich, dass ich nach meiner Konfirmation *freiwillig* in einen Jugendkreis gegangen bin. Aber mir war es wichtig.

Ich wollte wissen, was es mit diesem Gott und mit Jesus Christus auf sich hat. Ich hatte eine Sehnsucht danach, ihn in meinem Leben zu erfahren. Und so werde ich den Abend wohl nie vergessen, an dem eine Diakonisse mit uns über den Psalm 73 sprach.

Der Psalm traf mitten in meine Lebenssituation. Genau diesen Konflikt erlebte ich gerade auch. Auf der einen Seite hatte ich mit vielen Menschen zu tun, die ein richtig gutes Leben ohne Gott führten und dabei nicht unglücklich zu sein schienen. Auf der anderen Seite war ich im Jugendkreis mit

Jugendlichen zusammen, die Jesus nachfolgen wollten und erlebten, wie sie dafür belächelt wurden. Einfacher wäre es gewesen, wenn ich die ganze Sache mit Gott vergessen oder nicht so ernst genommen hätte. Aber ich fragte mich, ob ich dann jemals erfahren würde, ob es Gott wirklich gibt.

Verstand und Herz kämpften gegeneinander. An diesem Abend hat Gott leise um mein Herz geworben und ich habe eine Entscheidung getroffen: *„Dennoch bleibe ich stets an dir!"*

Und so startete ich meine Glaubensbeziehung mit Jesus Christus. Einige Jahre später erlernte ich den Beruf der Kinderkrankenschwester und es machte mir Freude mit diesem Beruf Gott und den Menschen zu dienen. Als unsere beiden Töchter geboren wurden, pausierte ich für eine Zeit und stieg dann mit Nachtdiensten wieder in das Berufsleben ein. Ich liebte meine Familie, engagierte mich im Beruf und darüber hinaus in meiner Gemeinde. Mein Alltag war gut ausgefüllt.

Genau in dieser Zeit erkrankten meine Großeltern und meine Mutter pflegte über einige Jahre hinweg drei alte Menschen in ihrem Haus. So gut ich konnte, unterstützte ich sie in der Pflege. Zudem erkrankte meine Schwiegermutter an Krebs. Am 24.12.1998 starb meine Lieblingsoma, während wir mit unseren Kindern in der Christmette saßen. Drei Wochen später verstarb meine andere Oma und ein halbes Jahr später mein Großvater. Innerhalb eines Jahres mussten wir von insgesamt fünf Menschen aus unserem Familienkreis Abschied nehmen. Es war eine Zeit, in der ich nur noch funktionierte und versuchte, irgendwie das Leben und den Alltag zu bewältigen. Oft war es mein Gebet, dass Jesus mir für diese schwere Wegstrecke Kraft geben möge.

Doch von Tag zu Tag wurde meine Kraft kleiner, und meine Lebensfreude schwand. Schließlich rutschte ich in eine schwere Depression und wurde mit den Diagnosen Burnout und Erschöpfungsdepression in eine Klinik eingewiesen.

Das war Ende November 2005. Die Adventszeit stand vor der Tür. Eine Zeit, die ich immer so sehr geliebt hatte. Gerade diese besondere Zeit im Jahr sollte ich nun ohne meine Familie verbringen. Was mutete Gott mir eigentlich noch alles zu?

Völlig verzweifelt, ohnmächtig, leer und ausgebrannt saß ich dort in der Klink. Und immer wieder war da diese bohrende Frage in mir: „Herr, wo bist du? Ich fühle nichts von deiner Nähe. Warum hast du zugelassen, dass es so weit gekommen ist? Ich habe doch alles für dich und für andere gegeben. Und nun sitze ich hier. Ohne Perspektive, ohne Hoffnung. Das Leben völlig an die Wand gefahren. Soll ich jetzt überhaupt noch an dir festhalten?"

Ich habe mit Gott gehadert. Ihn daran erinnert, dass ich ihm doch damals als Jugendliche im Jugendkreis dieses Versprechen gegeben habe, mein Leben mit ihm zu verbringen.

„Was auch immer kommen mag, Jesus, nichts soll mich von dir wegtreiben!"

Dennoch bleibe ich stets an dir! Große Worte waren das – und nun? Nun musste ich noch mal ganz neu durchbuchstabieren, was das *Dennoch des Glaubens* für mich bedeutet!

Obwohl ich in meinem Alltag und Herzen nichts von Jesus spüren konnte, besuchte ich in der Klinik die Adventsandachten und die Gottesdienste. Oft saß ich regungslos in der Bank und hatte den Eindruck, dass das Leben an mir vorbeiging. Und dann, an einem Adventssonntag war es wieder ein Lied, durch das Jesus zu mir sprach.

Das 400 Jahre alte Lied *Wie soll ich dich empfangen* von Paul Gerhardt war plötzlich so aktuell wie nie. Paul Gerhardt, der am 12. März 1607 in Gräfenhainichen geboren wurde, war evangelisch-lutherischer Theologe und Kirchenliederdichter. Viele seiner Lieder gehören bis heute zum Liedgut in unseren Kirchen. Paul Gerhardt hatte gemeinsam mit seiner Frau Anna Maria 4 Töchter und einen Sohn. Im Laufe seines Lebens verlor das Ehepaar alle 4 Töchter und nur der Sohn Paul Friedrich überlebte schließlich seinen Vater.

Paul Gerhardts Lebensgeschichte war eine Geschichte voller Not und Schmerz, voller Ringen um theologische Fragen und sicher auch geprägt von Zeiten der ganz persönlichen Anfechtung. Und wohl gerade deshalb vermögen seine Lieder bis heute Menschen zu erreichen, die in den Stürmen ihres Lebens nach Halt suchen.

Besonders die Strophen 3 und 4 von dem Lied *Wie soll ich dich empfangen* trafen damals mitten in mein Herz:

Was hast du unterlassen zu meinem Trost und Freud,
da Leib und Seele saßen in ihrem größten Leid? Als mir
das Reich genommen, da Fried und Freude lacht, da bist
du, mein Heil, kommen und hast mich froh gemacht!

Ich lag in schweren Banden, du kommst und machst
mich los; ich stand in Spott und Schanden, du kommst
und machst mich groß; und hebst mich hoch zu Ehren
und schenkst mir großes Gut, das sich nicht lässt
verzehren wie irdisch Reichtum tut!

In meiner tiefsten Not und Anfechtung hat Gott damals mein Herz berührt und mir durch dieses Lied zugesungen, dass er da ist und mich festhält. Und zaghaft, leise hörte ich mich flüstern: „Ja, Jesus, dennoch bleibe ich stets an dir"!

Aus meinem jugendlichen, trotzigen und vielleicht auch etwas kämpferischen *„Und jetzt erst recht"* ist an jenem Sonntag im Advent ein leises, aber vertrauensvolles und hoffnungsvolles *„Und jetzt erst recht"* geworden.

Nicht, weil es meine Kraft war, die mir die Gewissheit gab, dass mich im Leben nichts umhauen konnte, sondern weil ich erfahren durfte: In allen Stürmen bleibt Gott der souverän handelnde und liebende Vater an meiner Seite. Der Vater, der mich festhält und durch den Sturm begleitet.

Wenn man mich heute fragt, welches Wort der Bibel mein Lieblingswort ist, dann sage ich ganz eindeutig: Der 23. Vers aus Psalm 73:

Dennoch bleibe ich stets an dir; denn du hältst mich bei meiner rechten Hand, du leitest mich nach deinem Rat und nimmst mich am Ende mit Ehren an.

Und dem füge ich den Vers 28 gerne hinzu:

Aber das ist meine Freude, dass ich mich zu Gott halte und meine Zuversicht setze auf Gott den Herrn, dass ich verkündige all sein Tun!

So reihe ich mich ein in die lange Kette der Glaubensgeschwister, die seit Asaph diese Verse im eigenen Leben erspürt, durchlitten und durchkämpft haben. Viele von ihnen sind zu Verkündigern und Ermutigern der Liebe und Größe Gottes geworden.

Heute weiß ich: In allen Stürmen bleibt Gott der souverän handelnde und liebende Vater an unserer Seite.

WAS HAT ASAPHS GESCHICHTE MIT IHNEN ZU TUN?

Wage es, den ersten Schritt im Glauben zu gehen. Du musst nicht die ganze Treppe sehen, nur die erste Treppenstufe!

Martin Luther King

Ich habe keine Ahnung, ob Ihr Lebenssturm eine Lebenskrise oder eine handfeste Glaubenskrise ist. Vielleicht sogar beides.

Was Sie inmitten Ihres Sturms jedoch sicher am meisten brauchen, ist Ermutigung. Ermutigung durch andere Menschen und Ermutigung durch Gott.

Vielleicht finden auch Sie Ermutigung durch Asaphs Geschichte, weil Sie spüren: Gott möchte in Ihrer Not das Auge im Sturm sein.

Als *Auge im Sturm* bezeichnet die Meteorologie das nahezu windstille Zentrum eines Wirbelsturms. Also genau den Ort, an dem in der Mitte, im Zentrum des Sturms, Ruhe und Stille herrschen. Der Ort, an dem Friede spürbar wird, den Sie so vorher nicht kannten.

Ich bin davon überzeugt, dass Gott genau diesen Wunsch auch für Ihre Lebenskrise hat: Dass Friede wird. Dass Ruhe einkehrt. Dass der Sturm sich endlich legt und am Horizont langsam die Sonne wieder durchbricht und die grauen Wolken vertreibt.

Und weil Gott eine so große Sehnsucht danach hat, Ihren Sturm zu stillen, reicht er Ihnen so wie auch Asaph die Hand und sagt: Komm, vertraue mir! Ich bin da.

Vielleicht haben Sie Lust die folgenden Zeilen zu lesen, als einen Brief, den Ihr himmlischer Vater Ihnen geschrieben hat:

Liebe/r _____ ,
endlich habe ich die Gelegenheit, dir zu sagen, wie sehr ich dich liebe! Du bist mein Kind und ich kenne dich durch und durch.
Ich weiß, was dich freut und was dir Mühe macht. Und ich sehe den Sturm, der dein Leben und dein Herz so durcheinandergewühlt hat.
Jede Träne, die du geweint hast, habe ich gezählt und jeden Schmerz, den du empfindest, empfinde ich auch.
Ich leide mit, wenn du dich einsam und verloren fühlst.
Ich höre deine „Warum"- und „Wozu"-Fragen. Ich sehe deine Verletzungen und Enttäuschungen.
All das halte ich mit dir zusammen aus. Und deshalb bitte ich dich: Ergreife meine Hand und lass uns gemeinsam

durch deinen Sturm gehen. Ich verspreche dir: Niemals
lasse ich dich los und niemand wird dich von meiner Hand
losreißen können. Jeden Schritt, den du gehst, gehe ich mit.
Ich wünsche mir, dass du meine leise Stimme hören
kannst, die zärtlich in dein Leben flüstert. Ich wünsche mir,
dass du dein Herz öffnest für meine Wahrheiten.
Lass dir nicht einreden, ich sei nicht da.
Lass dir nicht einreden, dein Leben sei sinnlos.
Lass dir nicht einreden, dein Versagen sei so groß,
dass ich dich nicht mehr lieben kann.
Lass dir nicht einreden, dass dein Leben nicht wieder
gut werden kann.
Lass dir nicht einreden, dass es für deine Situation keine
Hoffnung gibt.
Ich liebe dich, mein Kind! Und ich habe gute Gedanken
über dich und dein Leben. Ich halte eine Zukunft für dich
bereit, die weit über das hinausgeht, was du gerade
erlebst!
Komm, nimm meine Hand – ich bin für dich da!

Dein himmlischer Vater

Wissen Sie, kein Sturm im Leben eines Menschen ist so groß, dass unser himmlischer Vater ihm nicht Einhalt gebieten kann. Vielleicht wird das Leben nach dem Sturm anders sein, als es vorher war. Vielleicht bringt Ihr Lebenssturm Veränderungen mit sich.

Ja, das mag sein. Aber das andere stimmt eben auch: An der Hand unseres himmlischen Vaters sind Sie geborgen. Und er wird Sie niemals verlassen. Wie sehr er Sie liebt und sich nach Ihnen sehnt, das hat er an seinem Sohn Jesus Christus deutlich gemacht.

Jesus ist in die Welt gekommen, damit wir das Wesen Gottes erkennen.

In Johannes 14,9 sagt Jesus von sich selbst: „Wer mich sieht, der sieht den Vater." Und Paulus schreibt in seinem Brief an die Kolosser: „Er (Jesus) ist das Bild des unsichtbaren Gottes" (Kolosser 1,15).

Wenn Sie verstehen wollen, wie Gott ist, dann lesen Sie in der Bibel, wie Jesus Christus Menschen begegnet ist und ihr Leben verändert hat.

Jesus selbst hat auf dieser Erde gelebt. Er hat am eigenen Leib erfahren, was es heißt, im Sturm zu stehen. Wenn einer weiß, wie sehr das Leben durch Stürme erschüttert werden kann, dann er.

Am Ende geht er aus Liebe zu uns sogar den Weg bis ans Kreuz. Seine ausgestreckten Arme am Kreuz lässt er sich für Sie und mich durchbohren. Die Anfeindungen durch Menschen, ihre Lieblosigkeit und Ablehnung, alle Krankheit und Not hat er mit jeder Faser seines Lebens selbst durchlebt und erlitten – aus Liebe!

Sollte eine solche *Liebe* Sie jemals in den Stürmen Ihres Lebens im Regen stehen lassen? Das glaube ich nicht.

Jesus ist das Auge in Ihrem Sturm, also die Stelle, an der Ihr Herz ruhig werden kann und inneren Frieden und Zustimmung finden wird.

Deshalb lade ich Sie ein, *„Dennoch"* zu sagen.

Dennoch bleibe ich an dir!

Ergreifen Sie die Hand Gottes, die er Ihnen in Jesus Christus entgegenstreckt und wagen Sie diesen Schritt des Glaubens! Im Augenblick genügt es, diesen ersten Schritt zu tun, und das folgende Gebet kann dabei eine Hilfe sein:

Herr Jesus Christus,

heute komme ich mit meinem Lebenssturm zu dir.

Danke, dass ich bei dir Zuflucht finde und dass du größer bist als alle Stürme, die mein Leben bedrohen.

Ich danke dir dafür, dass du mich kennst und liebst.

Du weißt längst, was mir die Kraft raubt und die Zuversicht nimmt.

Du siehst, wo ich die Perspektive für meine Zukunft verloren habe. Du kennst meine Zweifel und meine Anfechtungen. Du weißt auch, wo ich in der Gefahr stand, meinen Glauben über Bord zu werfen. Und weil du mir jetzt entgegenkommst, will ich deine Hand ergreifen.

Ich sage „Dennoch" und will glauben und vertrauen, dass du größer bist als meine Angst und stärker als meine Zweifel. Ich danke dir, dass du meine Schuld ans Kreuz getragen und den Weg zum Vater frei gemacht hast.

Und wenn ich auch vieles in meinem Leben nicht verstehe,
so will ich dir doch vertrauen.
Ich bitte dich: Leite und begleite mich durch meinen
Sturm. Lass mich mutig Schritte wagen. Lass meinen
Willen immer mehr mit deinem Willen in Einklang
kommen. Lass mich erkennen, dass es keinen besseren Ort
gibt als an deiner Hand. Stärke mein Vertrauen in dich
und gib mir den Mut, dich vor den Menschen zu bekennen.
Amen

WIE SIE NEUE ZUVERSICHT BEKOMMEN

Glücklich, wer an Gott glaubt, denn er wird,
wenn auch nicht ohne Mühe und Leid,
schließlich alle Mühsale des Lebens überwinden.

———————————

Vincent van Gogh

Würde Asaph heute leben, dann würde ihn die Wissenschaft als resilienten Menschen bezeichnen. Das Wort *Resilienz* kommt aus dem Englischen und bedeutet *widerstandsfähig*. Wer also bei Stürmen zwar ins Wanken gerät, aber trotzdem nicht vollends aus der Bahn geworfen wird, wird von der Wissenschaft als resilient bezeichnet.

Asaph hat an der Hand Gottes seine Widerstandsfähigkeit ganz neu erlernt. Schritt für Schritt wird es Veränderungen in seinem Leben gegeben haben. Und all das war möglich, weil Gott sein Herz getröstet hat.

Vermutlich wünschen auch Sie sich für Ihren Sturm diese Widerstandskraft. Ich bin davon überzeugt, dass Gott Sie Ihnen schenken möchte und dass Sie an seiner

Hand zu einer neuen Stärke und Lebensfreude finden können.

Und so möchte ich in diesem Kapitel nun der Frage nachgehen, was wir von Asaph für unsere Lebensstürme lernen
können. Wichtig ist, dass Sie sich nicht selbst überfordern.
Möglicherweise ist nur einer der folgenden Punkte für Ihre
Situation wichtig.

Bitten Sie Gott, dass er Ihnen zeigt, welcher der nun folgenden zehn Schritte für Sie dran ist. Und vertrauen Sie ihm:
Er geht mit!

1. Neue Zuversicht wächst, wenn wir bereit sind, unseren Sturm beim Namen zu nennen

Kein Wind ist demjenigen günstig, der nicht weiß,
wohin er segeln will.

Michel de Montaigne

So wie Meteorologen jedem Tief oder Hoch einen Namen
geben, so dürfen auch wir unsere Lebensstürme benennen.
Wir müssen sie nicht verschweigen und schönreden.

Asaph verleiht seiner Ohnmacht Worte. In den Versen 2
bis 14 beschreibt er seinen Lebensturm mit all den Gefühlen und Gedanken, die in ihm aufkommen. Er schreibt, wie

er sich und seine Mitmenschen wahrnimmt. Er bekennt, dass der Sturm ihn fast zum Fallen gebracht hat, dass er den Boden unter den Füßen verloren hat. Alles, was er als Unrecht und Not erlebt, bricht aus ihm heraus. Auch seine neidvollen Gefühle verschweigt er nicht.

Das ermutigt mich, auch meine Lebensstürme zu benennen. Ich muss sie nicht verschweigen, sondern darf vor mir selbst und vor anderen aussprechen, was mich *bewegt*!

Ich wünsche Ihnen den Mut, den ersten Schritt aus dem Sturm herauszugehen, indem Sie Ihren Lebenssturm benennen und anerkennen, dass es in Ihrem Leben gerade ganz schön ungemütlich ist!

Versuchen Sie doch mal mit Worten und Gedanken zu beschreiben, was Sie belastet. Nehmen Sie dabei die ganze Bandbreite der Gefühle wahr, die in Ihnen aufkommt. Wichtig ist jetzt: Alles darf sein: Wut, Ärger, Enttäuschung, Trauer und Angst! Sogar Ihre Zweifel haben hier ihren Platz – auch Ihre Glaubenszweifel.

In Asaphs Worten spüre ich so viel Enttäuschung, Ärger, Angst und Wut. Er nimmt kein Blatt vor den Mund und spricht aus, dass seine Beziehung zu Gott in eine echte Schieflage geraten ist. Vielleicht hat er es selbst niemals für möglich gehalten, dass sein Glaube derart erschüttert werden kann. Und nun hängt er tief drin in seinen Zweifeln. Er versteht Gott nicht mehr, er kann nichts von seiner Nähe spüren. Er hinterfragt Gottes Gerechtigkeit und ist enttäuscht, dass er nicht sichtbar eingreift und seine Situation verändert.

Nein, es ist kein Zeichen von mangelndem Glauben, wenn wir in schwierigen Lebensphasen an Gott, seiner Gegenwart und seiner Kraft zweifeln. An Asaph erkenne ich, dass derartiges Zweifeln und Klagen ein ernsthaftes Suchen nach dem ist, was im Leben trägt. Es ist ein Ringen um biblische Wahrheiten und eine Sehnsucht nach Schutz und Geborgenheit bei Gott.

Deshalb wünsche ich mir Gemeinden, in denen sowohl die Menschen, die noch keine Berührung mit dem lebendigen Gott hatten, als auch diejenigen, die schon lange mit Jesus unterwegs sind, gerade in Zeiten persönlicher Not und Anfechtung ihre Glaubenszweifel aussprechen dürfen.

Von Asaph können wir dabei lernen, dass es ganz entscheidend ist, ob ich mich mit meinen Zweifeln und Fragen *an* Gott wende oder ob ich mich von ihm *ab*wende.

Ihr Vater im Himmel freut sich, wenn Sie mit Ihren Zweifeln und Fragen zu ihm kommen. Vor ihm dürfen Sie ehrlich werden. Er wendet sich nicht von Ihnen ab, wenn Ihr Glaube erschüttert ist, sondern er hält Sie aus und hält Sie fest.

Deshalb möchte ich Sie ermutigen: Suchen Sie das Gespräch mit Christen und suchen Sie das Gespräch mit Gott. Jetzt erst recht. Er wartet längst auf Sie.

Fragen zum Weiterdenken

- *Könnte es für Sie eine Hilfe sein, wenn Sie Ihren Sturm in Worte fassen? Vielleicht in Form eines Briefes, den Sie an sich selbst adressieren oder auch als Brief an Gott.*
- *Welchen Menschen können Sie sich anvertrauen, um ehrlich von Ihrem Lebenssturm zu erzählen?*
- *Wo ist es nötig, dass Sie vor sich selbst und vor Gott ehrlich werden?*
- *Was erschüttert gerade Ihren Glauben, wo zweifeln Sie an Gottes Nähe, seiner Gerechtigkeit und seiner Kraft?*
- *Laufen Sie mit Ihren Zweifeln und Anfechtungen vor Gott weg oder muten Sie sich ihm zu mit dem, was Sie belastet?*

Gebet

Vater, du siehst den Sturm, der in meinem Leben tobt. Doch ich wehre mich noch immer gegen das, was mein Leben so erschüttert. Am liebsten würde ich davonrennen, so tun, als gäbe es diesen Sturm nicht. Deshalb bitte ich dich: Schenke mir den Mut, ehrlich zu werden. Lass mich anschauen, was mein Leben so aufwühlt und gib mir Worte, mit denen ich mich ausdrücken kann. Zeige mir bitte auch Menschen, mit denen ich reden kann! Amen.

2. Neue Zuversicht wächst, wenn wir konstruktiv mit unserem Schmerz und unseren Gefühlen umgehen

Tränen reinigen das Herz.

Fjodor Dostojewski

Nachdem wir unsere Stürme beim Namen genannt haben, wird es im nächsten Schritt nötig sein, dem Schmerz und der Trauer, die der Sturm mit sich bringt, nicht auszuweichen. Wenn es uns gelingt, konstruktiv mit unseren Gefühlen und Schmerzen umzugehen, lösen wir uns langsam aus der Starre und werden frei für den neuen Weg, der vor uns liegt.

In einer für mich schwierigen Zeit erzählte mir einmal ein guter Freund folgende Geschichte:

Wenn wir uns in Trauer und Schmerz befinden, geht es uns ähnlich wie einem Schiff, das auf einen Eisberg aufgelaufen ist. Stell dir ein Schiff vor, das tagaus, tagein auf hoher See unterwegs ist. Mal ist die See ruhig, mal stürmt es ein wenig. All das ist kein Problem, denn der Kapitän und seine Besatzung sind eine erfahrene Crew. Sie kennen das Schiff und die weiten Weltmeere sehr gut. Doch dann, eines Tages passiert es: Das Schiff läuft auf einen riesigen Eisberg zu und hängt fest!

*Die ganze Besatzung ist erschüttert. So eine Situation
haben sie niemals zuvor erlebt. Auch der Kapitän ist
überfordert und ratlos.*

*Nach ein paar Tagen der Verzweiflung und Ohnmacht
beginnt ein Matrose, der an der Reling steht, zu weinen.
Und es dauert nicht lange, da können sich die anderen
Matrosen auch nicht mehr zurückhalten. Die Tränen
kullern ihnen über das Gesicht und Träne für Träne fällt
ins Meer. Ja, eine Weile dauert es, aber dann passiert fast
unbemerkt und leise ein Wunder: das Schiff fängt
langsam an, sich vom Eisberg zu lösen. Was die Matrosen
nicht wussten: Jede Träne, die sie geweint haben, hat dem
Schiff geholfen, sich vom Eisberg zu lösen, um langsam
wieder ins Meer zurückzugelangen.*

Mag sein, dass Sie gerade durch ein Tal der Trauer und der
Schmerzen gehen. Vielleicht fühlen Sie sich auch überfordert mit der neuen Situation. Oder Sie haben den Eindruck,
ähnlich wie das Schiff auf einem Eisberg festzuhängen.

Dann haben Sie den Mut, Ihre Trauer und Ihren Schmerz
zuzulassen. Lassen Sie Ihren Tränen freien Lauf und lassen
Sie die Trauer zu. Es wird Ihnen guttun, wenn es Ihnen gelingt, dem Schmerz nicht auszuweichen. Der Sturm, der Sie
gerade bedroht, ist real und vielleicht wird sich durch ihn
sogar Grundlegendes in Ihrem Leben ändern und ein Kurs-
wechsel nötig sein.

In dieser Phase ist es normal, wenn Ihre Gefühle und Ihr Schmerz Sie überwältigen. Es ist normal, wenn Sie sich an manchen Tagen ohnmächtig, hilflos, müde und alleine fühlen. Es ist verständlich, dass Ihnen im Moment die Hoffnung fehlt und Sie keine Zuversicht empfinden können. All das wird sich lösen und besser werden, wenn Sie konstruktive Wege finden, um dem Schmerz und der Trauer zu begegnen. Jetzt erst recht dürfen Sie weinen und trauern.

Fragen zum Weiterdenken

- *Welche Schritte sind für Sie nötig, um Ihren Schmerz und Ihre Trauer in konstruktive Bahnen zu lenken?*
- *Können Sie Trauer und Schmerz zulassen?*
- *Erlauben Sie sich selbst, den Tränen freien Lauf zu lassen?*

Gebet

Vater, an manchen Tagen habe ich keine Worte und keine Tränen mehr. Dann fühle ich mich leer und kraftlos. Und dann wieder gibt es Tage, da rebelliert in mir die Wut, da bin ich zornig, wütend und enttäuscht. Ich danke dir dafür, dass du all diese Gefühle kennst und dass ich sie vor dir nicht verbergen muss. Danke, dass du mich auf dem Weg der Trauer begleitest. Danke, dass du meine Tränen siehst und dass du die Kraft sein willst, die mich tröstet. Bitte sei mir nahe, wenn die Mutlosigkeit sich breitmacht, und verwandle meine Trauer in neue Hoffnung. Amen.

3. Neue Zuversicht wächst, wenn wir Orte der Ruhe aufsuchen

Die tiefste Triebfeder dafür, dass der Mensch so ruhelos danach sucht, was ihn glücklich und zufrieden macht, ist letztlich die Sehnsucht nach Gott.

Anselm Grün

Wissen Sie noch, in welchem Moment sich Asaphs Situation verändert hat? Es war der Moment, in dem er bewusst den Sturm verlassen hat und den Weg in den Tempel gegangen ist (Vers 17). Wenn ich diesen Vers lese, dann sehe ich den erschöpften Asaph förmlich vor mir. Ich sehe, wie er abgekämpft und erschöpft vor der großen schweren Tempeltür steht und sie mit letzter Kraft öffnet. Ob er überhaupt noch etwas von Gott erwartet hat? Ich weiß es nicht, aber irgendetwas muss ihn zum Tempel getrieben haben. War es vielleicht schon das erste zaghafte *„Und jetzt erst recht"*?

Langsam schleicht er sich durch die Gänge und sinkt auf einer Bank nieder. Die Tür fällt hinter ihm ins Schloss. Asaph atmet tief durch und spürt die Ruhe und den Frieden an diesem Ort. Genau hier ist seine *sturmfreie Zone*. Hier ist der Ort, an dem er einfach sein darf. Wo all seine Fragen und Zweifel ihren Platz haben. Wo er seine Enttäuschungen, Verletzungen, Kränkungen und Schmerzen nicht verbergen muss. Wo er seine Fehler und sein Versagen nicht verschweigen muss. Wo er schwach sein darf. Wo er statt Lobgesänge auch die Klagelieder anstimmen darf.

Es ist gleichzeitig der Ort, an den die Stimmen, die ihm gerade das Leben so schwermachen, nicht eindringen können. Es ist der Ort, an dem er Schutz findet vor dem Gerede und Gespött seiner Mitmenschen.

Wie gut, dass er sich auf den Weg gemacht hat. Dass er nach dem Ort gesucht hat, an dem es ruhig ist. Der Lebenssturm ist zwar noch da – draußen vor der Tür –, doch in der Nähe Gottes kommt sein aufgewühltes Herz langsam zur Ruhe. Ganz allmählich wird der Wind um ihn leiser, der Sturm schweigt und Gott beginnt sanft mit ihm zu reden.

In stürmischen Zeiten brauchen wir Orte der Ruhe und des Rückzugs. Wir dürfen noch viel bewusster die Nähe Gottes suchen. Asaph ging dazu in den Tempel. Vielleicht wollte er aus seinem bedrohlichen Umfeld fliehen, vielleicht hatte er einfach keine Kraft mehr, sich in den Sturm zu stellen. Wahrscheinlich sehnte er sich aber einfach nach einem geschützten Ort, an dem der Sturm keine Angriffsfläche hatte. Dieser Ort war für ihn der Tempel. Der Tempel war ihm vertraut und der Ort, an dem ihm sein Gott nahe war. Obwohl er Gott in seiner Situation nicht verstand und nichts von seiner Nähe spürte, kehrte er ihm nicht den Rücken. Er lief nicht vor ihm davon, sondern suchte den Ort auf, an dem Gott zu finden war.

Heute müssen wir nicht mehr den Tempel aufsuchen, um in die Gegenwart Gottes zu kommen. Seit Jesus Christus seinen Heiligen Geist ausgegossen hat, können wir an allen Orten Gott nahe sein. Doch das muss man wollen und dann auch aktiv tun. Der Beter des 50. Psalms lädt uns ein, es ihm gleichzutun: „Rufe mich an in der Not, so will ich dich erretten und du sollst mich preisen" (Psalm 50,15).

Und auch Jesus selbst hat seine Jünger und alle anderen Menschen immer wieder aufs Neue ermutigt und ihnen gesagt: „Kommt her zu mir, die ihr euch abmüht und unter eurer Last leidet. Ich will euch Ruhe geben!" (Matthäus 11,28; HFA).

Vielleicht heißt das für Sie in Ihrer Situation, dass Sie jetzt erst recht nach Orten suchen, an denen Sie zur Ruhe finden. Dass Sie für eine bestimmte Zeit ganz bewusst aus dem Sturm herausgehen, sich zurückziehen und die Stille suchen. Gerade in unserer hektischen und schnelllebigen Zeit brauchen wir solche Orte der Ruhe und Momente der Stille.

Immer wieder erlebe ich Menschen, die auf der Suche sind nach dem Ort, an dem ihr Herz zur Ruhe kommen kann. Viele suchen ihn im Bereich der Esoterik, manche probieren sich durch alle Religionen und Weltanschauungen durch – doch ihr Herz wird nicht still. Nicht umsonst hat schon der alte Kirchenvater Augustinus zu diesem Thema gesagt: „Mein Herz ist unruhig, bis es Ruhe findet in dir!"

Kennen Sie Ihre sicheren Orte in stürmischen Zeiten? Ich lade Sie ein, jetzt erst recht darüber nachzudenken, an welchen Orten Sie zur Ruhe kommen können.

Fragen zum Weiterdenken

- *Wo laufen Sie in stürmischen Zeiten hin?*
- *Welche Rückzugsorte tun Ihnen derzeit besonders gut?*
- *Wer kann Ihr aufgewühltes Herz langsam wieder in den richtigen Takt bringen?*
- *Gönnen Sie sich gerade in den stürmischen Zeiten persönliche Momente des Rückzugs?*

Gebet

Vater, du siehst, wie sehr ich mich nach einem Ort der Ruhe sehne. Und manchmal habe ich den Eindruck, dass ich ihn nirgends finden kann. Doch du versprichst in deinem Wort: Kommt her zu mir alle, die ihr euch abmüht und schwere Lasten tragt, ich will euch Ruhe geben. Und so bitte ich dich: Führe mich an Orte, wo Ruhe und Stille für mich erlebbar sind. Lass die lauten Stimmen in und um mich verstummen und lass mich auf dich hören. Du kannst mir auch gerade jetzt Orte zeigen und mich zu Menschen führen, die mir guttun. Neben all den Stimmen, die auf mich einreden, will ich vor allem wieder deine Stimme hören. Du wirst reden und mein aufgewühltes Herz beruhigen. Dafür danke ich dir. Amen.

4. Neue Zuversicht wächst, wenn wir entdecken, wie groß und souverän Gott ist

Der Mensch denkt sich Gott so, wie er ihn sich wünscht;
aber Gott bleibt immer so, wie er ist.

―――――――――

Franz von Assisi

Haben Sie auch schon einmal ein Kind beobachtet, das an Heiligabend voller Spannung und Aufregung vor der verschlossenen Wohnzimmertür steht und darauf wartet, bis sie sich zum festlich geschmückten Wohnzimmer endlich öffnet? Seit Wochen erzählen Mama und Papa davon, wie schön das Wohnzimmer an diesem Abend sein wird. Sie erzählen von dem großen Tannenbaum, von den vielen Lichtern und natürlich von den Geschenken. Da ist so viel Geheimnisvolles, so vieles, was es zu entdecken gibt.

Und dann, in dem Moment, in dem die Tür aufgeht, kommt das Kind nicht mehr aus dem Staunen heraus. Mit weit geöffnetem Mund und großen Augen steht es vor dem Tannenbaum, und es ist nicht zu erkennen, wer mehr strahlt – die Lichter des Baumes oder die kleinen Kinderaugen.

Voller Faszination steht das Kind da und alle Erwartungen sind übertroffen.

Manchmal wünsche ich mir, dass ich wieder wie ein Kind staunen kann. Staunen über die großen und kleinen Dinge des Alltags. Staunen aber vor allem über die Größe und Souveränität Gottes.

Geschehen wird es dort, wo ich erwartungsvoll lebe. Wo ich aber auch bereit bin, von mir und meinen Fähigkeiten wegzuschauen. Wo ich innehalte und aufschaue zu Gott. Geschehen wird es dort, wo ich mich selbst nicht so wichtig nehme, sondern Gott ernst nehme.

Gerade in stürmischen Zeiten hilft es, wenn wir von uns und unserer Begrenztheit wegschauen und hinschauen zu Gott. Immer dann, wenn wir Gottes Wege mit uns nicht begreifen können, haben wir zwei Möglichkeiten: Entweder wir verzweifeln an unserer Situation, unserem Verstand und auch an Gott – oder wir erkennen an, dass wir die Größe und das Wesen Gottes niemals ganz erforschen können und staunen deshalb über sein Wesen. Je älter ich werde und je länger ich mit Gott unterwegs bin, desto mehr erachte ich den zweiten Weg als den besseren. Ich bin dankbar, dass Gott so viel größer ist als meine menschliche Vorstellungskraft und meine Logik. Unabhängig von meinem Verstehen und meinen Umständen bleibt Gottes Wesen unverändert!

Gerade in stürmischen Zeiten lade ich Sie ein, in der Bibel nach Texten zu forschen, die von der Größe und Souveränität Gottes berichten.

Lesen Sie zum Beispiel den Psalm 104 und finden Sie heraus, was allein in diesem Psalm über das Wesen und Wirken Gottes erzählt wird.

Psalm 104: Lob des Schöpfers (LU)

Lobe den Herrn, meine Seele! Herr, mein Gott,

du bist sehr groß; in Hoheit und Pracht bist du gekleidet.

Licht ist dein Kleid, das du anhast.

Du breitest den Himmel aus wie ein Zelt;

du baust deine Gemächer über den Wassern.

Du fährst auf den Wolken wie auf einem Wagen und

kommst daher auf den Fittichen des Windes,

der du machst Winde zu deinen Boten und Feuerflammen

zu deinen Dienern;

der du das Erdreich gegründet hast auf festen Boden,

dass es nicht wankt immer und ewiglich.

Die Flut der Tiefe deckte es wie ein Kleid,

und die Wasser standen über den Bergen,

aber vor deinem Schelten flohen sie,

vor deinem Donner fuhren sie dahin.

Sie stiegen hoch empor auf die Berge und sanken herunter

in die Täler zum Ort, den du ihnen gegründet hast.

Du hast eine Grenze gesetzt, darüber kommen sie nicht

und dürfen nicht wieder das Erdreich bedecken.

Du lässest Brunnen quellen in den Tälern,

dass sie zwischen den Bergen dahinfließen,

dass alle Tiere des Feldes trinken und die Wildesel

ihren Durst löschen.

Darüber sitzen die Vögel des Himmels

und singen in den Zweigen.

Du tränkst die Berge von oben her,
du machst das Land voll Früchte, die du schaffest.
Du lässest Gras wachsen für das Vieh und Saat zu Nutz
den Menschen, dass du Brot aus der Erde hervorbringst,
dass der Wein erfreue des Menschen Herz und sein Antlitz
glänze vom Öl und das Brot des Menschen Herz stärke.
Die Bäume des Herrn stehen voll Saft,
die Zedern des Libanon, die er gepflanzt hat.
Dort nisten die Vögel,
und die Störche wohnen in den Wipfeln.
Die hohen Berge geben dem Steinbock Zuflucht und
die Felsklüfte dem Klippdachs.
Du hast den Mond gemacht, das Jahr danach zu teilen;
die Sonne weiß ihren Niedergang.
Du machst Finsternis, dass es Nacht wird;
da regen sich alle Tiere des Waldes,
die jungen Löwen, die da brüllen nach Raub und
ihre Speise fordern von Gott.
Wenn aber die Sonne aufgeht,
heben sie sich davon und legen sich in ihre Höhlen.
Dann geht der Mensch hinaus an seine Arbeit und
an sein Werk bis an den Abend.
Herr, wie sind deine Werke so groß und viel! Du hast sie
alle weise geordnet, und die Erde ist voll deiner Güter.
Da ist das Meer, das so groß und weit ist,
da wimmelt's ohne Zahl, große und kleine Tiere.

Dort ziehen Schiffe dahin; da ist der Leviatan,
den du gemacht hast, damit zu spielen.
Es wartet alles auf dich, dass du ihnen Speise
gebest zu seiner Zeit.
Wenn du ihnen gibst, so sammeln sie; wenn du deine
Hand auftust, so werden sie mit Gutem gesättigt.
Verbirgst du dein Angesicht, so erschrecken sie;
nimmst du weg ihren Odem, so vergehen sie und
werden wieder Staub.
Du sendest aus deinen Odem, so werden sie geschaffen,
und du machst neu das Antlitz der Erde.
Die Herrlichkeit des Herrn bleibe ewiglich,
der Herr freue sich seiner Werke!
Er schaut die Erde an, so bebt sie;
er rührt die Berge an, so rauchen sie.
Ich will dem Herrn singen mein Leben lang und
meinen Gott loben, solange ich bin.
Mein Reden möge ihm wohlgefallen.
Ich freue mich des Herrn.
Die Sünder sollen ein Ende nehmen auf Erden
und die Gottlosen nicht mehr sein.
Lobe den Herrn, meine Seele! Halleluja!

Was würden Sie an Ihrer Situation ändern, wenn Sie *jetzt erst recht* die Größe Gottes in den Blick nähmen und dennoch – trotz allem – staunen lernen, wie souverän Gott ist?

Von der eigenen Not und der eigenen Begrenztheit weg-schauen und stattdessen zu Gott aufschauen hat meine Lebensstürme schon häufig beruhigt.

Fragen zum Weiterdenken

- *Wo habe ich im Rückblick auf mein Leben schon über Gott gestaunt?*
- *Welche Vorstellung hatte ich bislang in meinem Leben von Gott?*
- *Traue ich Gott zu, dass er konkret in meine Situation hineinwirken kann?*

Gebet

*Himmlischer Vater, allzu oft vergesse ich, wie souverän und groß du bist. Dann schaue ich nur auf meine Möglichkeiten und leide unter meiner Begrenztheit.
Ich wünsche mir so sehr, dass ich wieder stauen kann über dich und deine Welt. Ich danke dir, dass du zu jeder Zeit mein Leben im Blick hast und dass bei dir kein Ding unmöglich ist. Das will ich jetzt auch ganz fest für meine Situation glauben. Ich will dich loben und preisen und bitte dich, dass ich mehr und mehr dein Wesen erkenne und dein Wirken in meinem Leben sehe. Amen.*

5. Neue Zuversicht wächst, wenn wir uns von Jesus unser aufgewühltes Herz beruhigen lassen

Plötzlich erfuhr ich die Stille wie eine Gegenwart.
Im Herzen dieser Stille war Er, der selbst Stille,
Frieden und Gelassenheit ist.

———————————

Georges Bernanos

Vor gut zwei Jahren sind auch wir als Familie durch einen heftigen Sturm gegangen. Mein Mann wurde mit seinem Fahrrad von einem Auto angefahren und ins Krankenhaus eingeliefert. Bis auf ein paar Schürfwunden und Prellungen schien alles gut zu sein. Zur Sicherheit veranlasste der Arzt vor seiner Entlassung jedoch noch eine Sonografie des Bauches, um eine innere Blutung auszuschließen. Bei dieser Untersuchung fand der Radiologe einen Tumor. Die Ärzte nennen so etwas *Zufallsbefund*. Wir wissen, dass es kein Zufall war, sondern Gottes Weg mit uns. 24 Stunden später lag mein Mann auf dem OP-Tisch und der Tumor wurde entfernt. Dann hieß es auf den Befund warten.

In diesen Tagen der Ungewissheit klopften die Zweifel und Zukunftsängste heftig an meine Herzenstür. Mein Herz war aufgewühlt und unruhig. Hin- und hergerissen zwischen Hoffen und Bangen, Verzweiflung, Angst und Zuversicht. Bei jedem Betreten der Klinik hatte ich den Eindruck, dass der Sturm mich umhaute. Und ich sehnte mich danach, dass er sich legte. Aus diesem Grunde entschied ich mich damals ganz bewusst, mein Herz Jesus hinzuhalten und auf seine Stimme zu hören.

Charles Haddon Spurgeon hat einmal gesagt: „Das Gebet ist der himmlische Hafen, in dem wir uns vor den Stürmen des Lebens bergen." Und so habe ich es in dieser Zeit auch erlebt. Meine Spaziergänge mit unserem Hund am frühen Morgen wurden zu Gebetsspaziergängen. Im Gebet erzählte ich Jesus von dem, was ich dachte, hoffte und fürchtete. Und manchmal war ich einfach auch nur sprachlos, weil Worte und Gedanken fehlten.

Aber gerade auch da, wo wir schweigen, kann Gott anfangen zu reden. Und wieder erlebte ich sein Reden durch einen Liedtext, der mir in den Sinn kam:

I'm no longer a slave to fear, I'm a child of god!

Sinngemäß heißt es in diesem Lied: Mein Herz ist frei wie nie durch deine Melodie. Du umgibst mich mit einem Lied, bis auch die letzte Sorge flieht. Ich bin kein Sklave der Angst, ich bin ein Kind Gottes!

Jesus hat in dieser Zeit wieder einmal mein Herz berührt und getröstet. Ja, der Sturm war da, aber Jesus war das Auge mitten in meinem Sturm. Er hat mein Herz beruhigt.

Ich wünsche Ihnen, dass Sie jetzt erst recht Jesus Ihr aufgewühltes Herz hinhalten. Bitten Sie ihn im Gebet, dass er Ihnen durch Lieder begegnet, durch Menschen, durch sein Wort oder ganz konkret dadurch, dass er seinen Frieden in Ihr Herz legt.

Fragen zum Weiterdenken

- *Erlauben Sie, dass Jesus Ihr aufgewühltes Herz beruhigen darf?*
- *Hören Sie Lieder und lesen Sie Texte, die von der Liebe Gottes erzählen.*

Gebet

Herr Jesus, mitten im Sturm bist du da. Du willst mein aufgewühltes Herz beruhigen. Dafür danke ich dir. Und ich bitte dich: Lass mein Herz wieder in den richtigen Rhythmus finden. Bring meinen Sturm zum Schweigen durch deine Gegenwart. Sprich heute zu mir durch Menschen, denen ich begegne, durch Lieder, die ich höre und durch dein Wort. Stärke heute mein Vertrauen in dich. Ich bin kein Sklave der Angst, sondern dein Kind. Danke, dass du da bist. Amen.

6. Neue Zuversicht wächst, wenn wir Jesus um eine veränderte Sicht bitten

Ein Steinhaufen hört in dem Moment auf, ein Steinhaufen zu sein, in dem einer, der die Steine betrachtet, das Bild einer Kathedrale vor sich sieht.

Antoine de Saint-Exupery

Tief im Mittelalter ging ein Mann auf einer verstaubten Straße seines Weges. Wo immer er auf Menschen stieß, blieb er stehen und fragte sie, was sie arbeiteten und für wen sie es taten. Denn seit geraumer Zeit wusste er um sein Leben nicht mehr Bescheid, wusste nicht mehr, was er tun sollte und wofür. Des Nachsinnens müde, war er ausgezogen, um von anderen Menschen zu hören, was sie bewegte. Auf diese Art wollte er in Erfahrung bringen, was ihm verloren gegangen war. Da stieß er auf einen Mann, der am Wegrand saß und ganz gebückt auf einen Stein einschlug.

Der Wanderer blieb stehen und schaute ihm lange zu. Da er seine Tätigkeit nicht verstand, fragte er ihn: „Freund, lange schon schaue ich dir zu, wie du auf diesen Stein einschlägst. Allein es mangelt mir an Verständnis. Freund, kannst du mir, einem Fremden und deines Handwerks Unkundigen, verraten, was du da machst?“

Ohne in seiner Tätigkeit innezuhalten, murmelte der
Mann missmutig in seinen Bart: „Du siehst alles.
Ich behaue einen Stein."

Mit trüben Gedanken zog der Mann weiter. „Was ist das
für ein Leben", dachte er bei sich, „die ganze Zeit Steine
zu behauen?"

Da seine Verwirrung nun noch größer war, betrachtete
er es als ein Glück, als er wenig später wieder einen Mann
da sitzen sah, der emsig auf einen Stein einschlug, in der
gleichen Art wie zuvor der andere Mann. Auf ihn ging
der Wanderer zu und fragte ihn sogleich: „Freund, wozu
schlägst du auf diesen Stein?"

Der Mann, etwas erschrocken von der unerwarteten
Frage, antwortete nach einigem Zögern: „Siehst du nicht,
Fremder, ich mache Ecksteine!"

Betroffen ob seiner Unwissenheit setzte der Wanderer
seinen Weg fort. Die Verzweiflung in ihm wuchs, denn er
konnte sich nicht abfinden mit dem, was er gesehen
hatte. Sollte das ganze Glück des Lebens darin bestehen,
Steine zu behauen oder Ecksteine zu machen?

In der Sorge seines Herzens versunken, hätte er beinahe
übersehen, dass er wieder an einem Mann
vorbeigekommen war. Auch dieser saß am staubigen
Wegrand und schlug auf einen Stein ein, nach der Art,
wie die beiden anderen Männer.

Der Wanderer blieb stehen und prüfte voller Staunen,

was dieser Mann tat. Nachdem er sich überzeugt hatte,
dass auch dieser Mann mit derselben Fertigkeit wieder
auf einen Stein einschlug, ging er langsam auf ihn zu und
richtete seine Rede, die er nicht weiter zurückhalten
konnte, an ihn und fragte: „Freund, sag mir: Was ist deine
Tätigkeit? Behaust auch du nur Steine, oder machst du
gar Ecksteine?"

„Nein, Fremder", antwortete der Mann und wischte
sich den Schweiß von der Stirn, „siehst du denn nicht?
Ich baue eine Kathedrale!"

_____

nach Roberto Assagioli

Mag sein, dass Sie aktuell nur einen Scherbenhaufen sehen, den der Sturm der Verwüstung in Ihrem Leben angerichtet hat. Aber seien Sie versichert: Jesus sieht viel mehr. Er sieht, was aus Ihren Scherben werden kann, und möchte Ihnen helfen, die *Kathedrale* zu entdecken, die aus Ihren Steinen entstehen kann!

Bitten Sie Jesus, dass er Ihnen eine veränderte Sicht auf Ihre Situation schenkt. Dass er Ihnen eine Vision ins Herz legt, die Sie tröstet und aufrichtet.

Dazu wird es auch nötig sein, sich die Verheißungen, die Gott in seinem Wort gibt, immer wieder zusagen zu lassen. Es wird nötig sein, den Wahrheiten, die Gott über Ihrem Leben ausgesprochen hat, mehr zu glauben, als den

Wahrheiten, die Sie über sich selbst oder die andere Menschen über Ihnen ausgesprochen haben.

Wie wäre es, wenn Sie sich einige Zusagen und Wahrheiten Gottes auf kleine Zettel schrieben und zum Beispiel an Ihren Spiegelschrank im Badezimmer klebten? Immer morgens, wenn Sie in den Spiegel schauen, dürfen Sie sich dann vergewissern:

Denn ich weiß wohl, was ich für Gedanken über dich habe, spricht der Herr: Gedanken des Friedens und nicht des Leidens, dass ich dir gebe das Ende, des du wartest. (Jeremia 29,11)

Ist Gott für uns, wer kann wider uns sein? Der auch seinen eigenen Sohn nicht verschont hat, sondern hat ihn für uns alle dahingegeben – wie sollte er uns mit ihm nicht alles schenken? (Römer 8,31-32)

Der Herr ist mein Hirte, mir wird nichts mangeln. (Psalm 23,1)

Manchmal genügt ein Wechsel der Blickrichtung, damit wir wieder klarer sehen können. Diesen veränderten Blick dürfen wir uns von Gott schenken lassen. Welchen Blickwechsel brauchen Sie, um jetzt erst recht eine neue Sichtweise einzuüben?

Fragen zum Weiterdenken

- *Welche falschen Wahrheiten haben Sie verinnerlicht, die Sie hindern, neu zu denken?*
- *Welche konkrete Zusage Gottes brauchen Sie in Ihrer gegenwärtigen Situation?*

Gebet

Himmlischer Vater, immer wieder hänge ich fest in meinen eigenen Denkmustern. Du siehst, wie mein Leben bisher verlaufen ist. Du weißt, wie ich durch Menschen und Erfahrungen geprägt wurde. Leider glaube ich oft den Stimmen der Menschen mehr als deiner Stimme. Und manchmal hindern mich meine alten Denkmuster daran, Neues zu denken und deine Wahrheiten über meinem Leben zu glauben. Deshalb bitte ich dich: Schenk mir da, wo es nötig ist, eine neue Sicht. Lass mich mit deinen Augen sehen, mit deinen Ohren hören und mit deinem Herzen fühlen. Schenk mir auch den Mut, über meine aktuelle Situation hinauszublicken. Lass mich nicht im Scherbenhaufen stehen bleiben, sondern mit deiner Hilfe entdecken, was daraus Neues werden kann! Amen.

7. Neue Zuversicht wächst, wenn wir langsam wieder kleine Schritte wagen

Ich gehe langsam, aber ich gehe niemals rückwärts.

───────────────

Abraham Lincoln

Im Alltag bin ich meistens schnell unterwegs. Oft so schnell, dass andere zu mir sagen: „Geh mal einen Schritt langsamer!" Ja, langsam gehen fällt mir schwer. Zum langsamen Gehen bin ich in der Regel nur dann gezwungen, wenn wir in den Bergen wandern. Besonders bergauf fehlt mir nämlich aufgrund eines zu geringen Lungenvolumens der Atem, um schnell und mit großen Schritten die Gipfel zu erstürmen.

Dann bin ich besonders dankbar, wenn mein Mann mich daran erinnert, dass es gut ist, das *eigene* Tempo zu finden. Er hilft mir dabei, auf mich zu schauen und nicht auf die Menschen, die mit großen, schnellen Schritten an uns vorbeiziehen. Langsam – Schritt für Schritt – schrauben wir uns die Berge hoch. Und ich spüre: So komme ich auch voran. Es geht vorwärts.

Wenn wir einige Zeit später auf dem Gipfel in einer Wanderhütte sitzen und uns über das freuen, was wir geschafft haben, spielt es auch keine Rolle mehr, dass wir eine Viertelstunde länger unterwegs waren. Am Ende zählt, dass wir oben angekommen sind. Jeder Schritt, auch wenn er noch so klein war, hat uns dem Ziel nähergebracht. Und selbst den kurzen Stopps zum Luftholen kann ich dann etwas Gutes abgewinnen. Denn bei der Gelegenheit kann ich in Ruhe auf die Wegstrecke zurückschauen, die wir schon bewältigt haben. Im Laufe der Jahre habe ich gelernt, die zurückgelegten Höhenmeter noch viel mehr wertzuschätzen und das Ankommen am Ziel zu feiern.

Stürmische Zeiten sind vergleichbar mit Bergtouren. Im Grunde unseres Herzens wollen wir so schnell wie möglich aus der Gefahrenzone des Sturms herauskommen. Am liebsten mit schnellen und großen Schritten dem Sturm den Rücken kehren. Doch das ist meist leichter gesagt als getan. Der Sturm hat oft so viel Kraft, dass große, schnelle Schritte kaum möglich sind. Dann ist es gut, wenn wir uns bewusst machen: Auch jeder noch so kleine Schritt bringt uns voran. Und auch hier ist der erste Schritt wieder die bewusste Entscheidung, dem Sturm den Rücken zu kehren beziehungsweise die Starre zu verlassen. Es ist die bewusste Entscheidung, dennoch aufzubrechen und loszugehen, auch wenn der Weg noch nicht zu erkennen ist.

Wie die weiteren Schritte konkret aussehen, das wird je nach Sturm unterschiedlich sein. Und es kann auch passieren, dass wir wieder ein paar Schritte rückwärtsgehen müssen oder dass wir zwischendurch kurz vom Weg abkommen und auf dem falschen Weg unterwegs sind. All das ist möglich – aber entscheidend ist die Tatsache, dass wir losgehen und überhaupt den ersten kleinen Schritt wagen.

Gehen Sie mit der Kraft, die Gott Ihnen heute für diesen Tag zur Verfügung stellt. Verharren Sie nicht im Sturm. Jeder noch so kleine Schritt führt Sie aus Ihrem Tal bergwärts und der Sonne entgegen.

Fragen zum Weiterdenken

- *Welcher konkrete Schritt könnte Ihnen helfen, aus Ihrem Tal herauszukommen?*
- *Sind Sie bereit, auch die kleinen Schritte zu gehen, oder überfordern Sie sich in Ihrer momentanen Situation selbst?*
- *Wie gehen Sie mit Rückschlägen und Umwegen um?*

Gebet

Vater, noch fühle ich mich gefangen in meinem Sturm. Und doch weiß ich, dass es Wege gibt, die mich aus dem Sturm herausführen. Ich bitte dich um Mut, die ersten Schritte zu wagen. Lass mich nicht länger in meiner Situation verharren, sondern öffne mir die Augen für den neuen Weg, der vor mir liegt. Danke, dass du mich nicht überforderst. Danke, dass du mich auf dem Weg begleitest. Gib mir heute die Kraft, die ich brauche und lass mich etwas von dem Ziel ahnen, zu dem du mich führen willst. Amen.

8. Neue Zuversicht wächst, wenn wir bereit sind, zu handeln

Ich glaube, dass Gott uns in jeder Notlage so viel Widerstandskraft geben will, wie wir sie brauchen. Aber er gibt sie nicht im Voraus, damit wir uns nicht auf uns selbst, sondern allein auf ihn verlassen.

Dietrich Bonhoeffer

Es war kurz nach dem Ende meiner theologischen Ausbildung, als ein befreundeter Mann aus dem Nachbarort mich anrief und mir ganz fröhlich erzählte: „Eine Kirchengemeinde ganz in deiner Nähe sucht dringend eine neue Mitarbeiterin für die Jugendarbeit. Ich habe deinen Namen genannt und der dortige Pfarrer würde sich freuen, wenn du dich bei ihm meldest."

Wow, diese Nachricht saß. „Wie kommst du darauf, dort meinen Namen zu nennen? Ich suche doch gar keine Stelle in der Jugendarbeit", fragte ich etwas unsicher zurück.

„Na ja, ich dachte, das wäre was für dich", war seine Antwort.

Was sollte ich nun machen? Am besten war, ich rief den Pfarrer an und teilte ihm direkt mit, dass ich gar nicht auf der Suche nach einer Stelle in der Jugendarbeit war. Meine Pläne waren ganz anders. Zumal ich daheim selbst zwei heranwachsende Teenager hatte, die mich forderten und manchmal an meine Grenzen brachten. Und überhaupt: War Jugendarbeit überhaupt meine Gabe? Waren es nicht ganz andere Dinge, die ich einbringen konnte?

Mehr aus Gefälligkeit dem Freund gegenüber wählte ich die Telefonnummer des zuständigen Pfarrers mit der festen Absicht, ihm direkt beim ersten Gespräch zu sagen, dass ich überhaupt kein Interesse an dieser Stelle hätte.

In meinen Gedanken hatte ich den Satz schon fertig formuliert und so fiel es mir nicht schwer zu sagen: „Ich weiß nicht, wie mein Bekannter auf die Idee kommen konnte, Ihnen meinen Namen zu nennen. Ich suche gar keine Stelle in der Jugendarbeit und noch dazu halte ich mich dafür überhaupt nicht als geeignet. Ich wünsche Ihnen, dass Sie bald eine passende Person finden!"

„Schade, aber hätten Sie denn nicht wenigstens Lust, sich unsere Gemeinde und unsere Arbeit mal anzuschauen? Dann können Sie immer noch entscheiden. Kommen Sie doch mal vorbei."

Warum auch immer – auf diesen Vorschlag ließ ich mich ein. Dann würde die Entscheidung noch leichter sein und alle würden merken, dass ich nicht die Richtige war.

In den folgenden zwei Tagen tobte in mir ein Sturm. Warum um alles in der Welt machte ich das? Ich konnte das nicht. Und ich wollte das auch nicht. Eigentlich konnte ich mir den Weg sparen.

„Schön, dass Sie da sind", begrüßte mich der Pfarrer an dem vereinbarten Termin und führte mich in einen Raum, in dem einige Kirchenvorsteher saßen und weitere Mitarbeiter aus der Jugendarbeit.

Wir unterhielten uns, ich bekam einen Eindruck von der Arbeit und den Menschen und wiederum zwei Tage später besuchte ich die Kinder- und Jugendgruppen und kam mit den Jugendlichen ins Gespräch.

Ich fühlte mich plötzlich sehr unsicher. War das der Platz, an dem Gott mich sah? Würde ich diese Arbeit gut machen können? Reichte meine Liebe, mein Wissen und meine Kompetenz, um dort mitzuarbeiten? In mir war große Unsicherheit. Ich wusste nicht, was ich tun sollte. Doch die Gemeindeleitung drängte auf eine Entscheidung.

Am Morgen nach meinem letzten Termin in der Gemeinde legte ich in meiner Stillen Zeit Jesus meine Unsicherheit und meine Fragen hin. Ich fühlte mich hin- und hergerissen, und am liebsten hätte ich abgesagt. Doch dann zog ich aus einer kleinen Schatzkiste eine Karte mit einem Bibelvers. Darauf las ich: *Das alles vermag ich durch Christus, der mir Kraft und Stärke gibt!* (nach Philipper 4,13).

Das war die Antwort mitten in meinem Sturm. Ich griff zum Telefonhörer, wählte die Nummer vom Pfarramt und sagte: „Ich nehme die Stelle an. Und ich nehme sie nicht, weil ich denke, dass ich die Richtige bin, sondern weil ich glauben will, dass Jesus Christus mir Kraft und Stärke für diesen Dienst gibt. Wenn er mich so ermutigt, dann will ich losgehen und die Aufgabe, die vor mir liegt, annehmen."

An diesem Morgen wusste ich: Mutig zu sein bedeutet, das zu tun, wovor ich mich fürchte. Aber wo es keine Angst gibt, da gibt es auch keinen Mut.

Fünf Jahre durfte ich dann meinen Platz dort in der Gemeinde ausfüllen. Die Aufgaben in der Jugendarbeit waren für mich absolutes Neuland. Selten konnte ich auf mir bekannte Dinge zurückgreifen. Heute bin ich dankbar für diese Zeit. Und ich bin froh, dass ich den Mut hatte, etwas Neues zu wagen! Und nicht zuletzt hat mich die Zusage aus Philipper 4,13 später besonders in stürmischen Phasen meiner Arbeit daran erinnert, dass Jesus meine Stärke und meine Kraft ist.

Aus meinem eigenen Leben weiß ich: Oft bin ich einfach bequem, weil ich mir mein Leben ganz gut *eingerichtet* habe. Oder ich bin nicht bereit, Gewohntes und Vertrautes loszulassen. Lebensphasen, die ein gewisses Maß an Unsicherheit mit sich bringen, vermeide ich lieber.

Stürmische Zeiten sind oft Zeiten, in denen wir ahnen, dass das *Alte* wohl vergangen ist und das *Neue* sich noch nicht deutlich genug für uns am Horizont abzeichnet. Für die *Lücke* vom Hier nach Da brauchen wir Mut. Und den dürfen wir uns *jetzt erst recht* von unserem Vater im Himmel schenken lassen.

Vielleicht so wie Josua, dessen Geschichte uns im Buch Josua im Alten Testament erzählt wird: Nachdem Mose gestorben ist, wird Josua zum neuen Führer des Volkes. Er soll das Volk Gottes über den Jordan in das Land führen, das Gott den Israeliten versprochen hatte. Eine gewaltige Aufgabe! Doch Gott ermutigt Josua, dass er mit ihm geht und gibt ihm sein Versprechen: „Siehe, ich habe dir geboten, dass du getrost und unverzagt seist. Lass dir nicht grauen und entsetze dich nicht; denn der Herr, dein Gott, ist mit dir in allem, was du tun wirst" (Josua 1,9).

Fragen zum Weiterdenken

- *Was entmutigt Sie in Ihrer Situation?*
- *Befinden Sie sich gerade in dieser Zwischenzeit, in der Sie spüren, dass das Alte vergangen ist, aber das Neue sich noch nicht deutlich genug zeigt?*
- *Wie würde sich Ihre momentane Situation ändern, wenn Sie bereit wären, mutig einen Schritt zu wagen?*

Gebet

Herr, ich befinde mich gerade in einem Zwischenland. Der Sturm ist vorbei, das „Alte" ist vergangen, aber das Leben nach dem Sturm muss ich erst entdecken. Wie ein neues Land liegt es vor mir, und ich bin unsicher. Deshalb bitte ich dich: Lass mich jetzt nicht verzagen. Lass mich entdecken, was dieses neue „Land" für mich bereithält.

Vielleicht schaffe ich vieles nicht mit meiner kleinen Kraft.
Dann will ich umso mehr glauben und vertrauen, dass du
handeln wirst und mir zur Seite stehst! Amen.

9. Neue Zuversicht wächst, wenn wir bereit sind, Entscheidungen zu treffen

Der schlimmste Weg, den man wählen kann,
ist der, keinen zu wählen.

———————————

Verfasser unbekannt

Vor einiger Zeit veranstaltete unsere Kirchengemeinde einen sogenannten *dirty church run*. Mehr als 500 Läuferinnen und Läufer waren aus nah und fern gekommen, um sich einer wirklich *dreckigen* Aufgabe zu stellen. Der Hindernislauf führte durch Schlammlöcher, über aufgestapelte Autoreifen, durch einen Fluss und steile Waldstücke hinauf. Man konnte sich als Einzelteilnehmer oder als Gruppe dieser Aufgabe stellen und das eingenommene Startgeld kam zum größten Teil der Kinder- und Jugendarbeit unserer Gemeinde zugute.

Mein Mann war einer der 500 Teilnehmer, die sich diesem Lauf stellten. Gemeinsam in einem Team aus Männern und Frauen ist er an den Start gegangen. Als Zuschauerin verfolgte ich das ganze Spektakel vom Straßenrand aus. Ich sah Menschen durch den Fluss schwimmen, in Drecklöcher fallen und sich gegenseitig über Hindernisse hinweghelfen. Je länger ich zuschaute, desto mehr kam in mir ein Wunsch auf: „In zwei Jahren möchte ich nicht als Zuschauerin am Rand stehen, sondern mit Laufschuhen und Sportklamotten am Start sein!"

Die Entscheidung in meinem Herzen war gefallen – und das, obwohl ich bis zu jenem Zeitpunkt alles andere als sportlich und trainiert war. Der Wunsch in meinem Herzen, einmal auch diesen Lauf zu laufen, hatte Konsequenzen: Ich meldete mich heimlich zu einem Laufkurs in einem Fitnessstudio an und begann regelmäßig zu joggen. In Phasen *akuter Lustlosigkeit* motivierte ich mich selbst durch das Ziel, das ich mir gesetzt hatte. Die Entscheidung, die ich an jenem Tag im Juni traf, half mir, konsequent mein Ziel zu verfolgen.

Täglich treffen wir mehr als 20 000 Entscheidungen. Wir entscheiden, ob wir Kaffee oder Tee trinken, wir entscheiden, ob wir die blaue Jacke oder lieber den roten Pulli anziehen. Jede Entscheidung für etwas ist gleichzeitig eine Entscheidung gegen etwas.

Bei den meisten Entscheidungen überlegen wir nicht lange, bei anderen Entscheidungen tun wir uns schwer. Manche Entscheidungen haben nur einen geringen Einfluss auf den weiteren Verlauf unseres Lebens, andere sind von weitreichender Bedeutung.

Wenn es uns gut geht und das Leben gelingt, sind wir mutiger im Treffen unserer Entscheidungen. Sollten wir uns dann mal nicht richtig entschieden haben, können wir es uns in der Regel gut verzeihen und nehmen uns vor, beim nächsten Mal eben anders zu agieren.

Schwierig wird es mit unserer Entscheidungskraft in stürmischen Zeiten. Dann drücken wir uns davor, diese oder jene Entscheidung zu treffen. Im Grunde unseres Herzens wissen wir in solchen Momenten genau, dass es nötig ist, eine Entscheidung zu treffen. Doch aus der Angst heraus, etwas *Falsches* zu entscheiden, verharren wir lieber in der schwierigen Situation und hoffen, dass sie sich irgendwie löst. Und manchmal lähmt uns einfach die Angst vor den möglichen Konsequenzen, die sich durch eine Entscheidung ergeben würden.

Ich beobachte immer wieder Menschen, die sich gerade in stürmischen Zeiten vor Entscheidungen drücken. Gleichzeitig bin ich davon überzeugt, dass es vor allem in solchen Zeiten notwendig ist, vor Entscheidungen nicht zu fliehen. Wem es gelingt, in stürmischen Zeiten eine Entscheidung zu treffen, der nimmt dem Sturm ein wenig den Wind aus den Segeln und fühlt sich nicht ohnmächtig hin- und hergeworfen.

Fragen zum Weiterdenken

- *Inwiefern könnte eine Entscheidung, die Sie treffen, dazu beitragen, Ihre Situation zu verändern?*
- *Inwiefern ist es für Sie hilfreich, jetzt erst recht eine Entscheidung zu treffen, und wie genau könnte diese Entscheidung aussehen?*
- *Was hindert Sie daran, eine Entscheidung zu treffen?*
- *Welche Konsequenzen würden sich ergeben, wenn Sie jetzt eine Entscheidung träfen?*

Gebet

Herr, ich danke dir dafür, dass du mich ausgerüstet hast mit einem Willen und mit Verstand. Und gleichzeitig weiß ich, dass es mir oft schwerfällt, eine Entscheidung zu treffen. Vielleicht, weil ich Angst habe vor dem, was mich dann erwartet. Oder weil ich Angst habe, ich könnte mich falsch entscheiden. In meinem Herzen spüre ich aber, dass es dran ist, eine Entscheidung zu treffen. Und so bitte ich dich, dass du mir hilfst, jetzt das Richtige zu tun. Leite mich durch deinen Heiligen Geist. Nimm mir die Angst, ich könnte versagen. Schenk mir Weisheit und Menschen, die mir beratend zur Seite stehen. Amen.

10. Neue Zuversicht wächst, wenn wir der Dankbarkeit wieder einen Platz einräumen

Nicht die Glücklichen sind dankbar.
Es sind die Dankbaren, die glücklich sind.

—————

Francis Bacon

Die Geschichte der dankbaren weisen Frau.

Eine sehr alte, weise Frau verließ ihr Haus nie,
ohne vorher eine Handvoll Bohnen einzustecken, um die
schönen Momente des Lebens besser zählen zu können.
Für jede Kleinigkeit, die sie tagsüber erlebte – zum Beispiel
einen fröhlichen Schwatz auf der Straße, ein köstlich
duftendes Brot, einen Moment der Stille, das Lachen eines
Menschen, eine Berührung des Herzens, einen schattigen
Platz in der Mittagshitze, das Zwitschern eines Vogels –
für alles, was die Sinne und das Herz erfreut, ließ sie eine
Bohne von der rechten in die linke Jackentasche wandern.
Manchmal waren es auch zwei oder drei Bohnen, die auf
einmal den Platz wechselten.
Abends saß die weise Frau zu Hause am Kamin und zählte
die Glücksbohnen aus der linken Jackentasche. Sie
zelebrierte diese Minuten. So führte sie sich vor Augen,
wie viel Schönes ihr an diesem Tag widerfahren war, und
freute sich darüber.

Von dieser weisen, alten Frau können wir viel lernen. Zum einen lehrt sie uns, dass nichts im Leben selbstverständlich ist und dass es sich lohnt, nach den schönen Momenten im Alltag Ausschau zu halten.

Jeder Gewittersturm, der über uns hinwegfegt, trägt gleichzeitig die nächsten Sonnenstrahlen mit im Gepäck. Und die dunklen schweren Wolken verhindern nur die Sicht auf den strahlend blauen Himmel.

Wenn wir uns in stürmischen Zeiten die Fähigkeit bewahren, auf die Sonnenstrahlen zu blicken, werden wir viel früher entdecken, wie die Sonne sich auch durch dunkle Wolken einen Weg bahnen kann.

Hinter jedem noch so wolkenverhangenen Himmel verbirgt sich ganz viel strahlend blauer Horizont.

Besonders in stürmischen Zeiten sollten wir am Abend eines Tages für ein paar Minuten innehalten und uns bewusstmachen, dass trotz allem Schweren auch viel Gutes an diesem Tag geschehen ist. Wenn wir eine solche Haltung einüben, werden wir Stück für Stück die Geschenke der Gegenwart wieder neu erkennen.

Dankbare Menschen tun uns gut. So erinnere ich mich gerne an einen älteren Freund, der im hohen Alter eine große Dankbarkeit ausgestrahlt hat, obwohl sein Alltag sehr oft beschwerlich und mühsam war. Doch bevor er anfing zu klagen, hatte er stets ein dankbares Wort auf den Lippen und aus seinen Augen strahlte Zufriedenheit. Er hatte im

Laufe seines Lebens gelernt, in den vermeintlich schwierigen Umständen und Situationen das Gute zu entdecken. Und er besaß die Fähigkeit, Dinge wertzuschätzen und nicht alles als Selbstverständlichkeit hinzunehmen. Oft bedankte er sich bei seinen Mitmenschen und hatte ein anerkennendes Wort für sie parat.

Wofür können Sie in Ihrer momentanen Situation dankbar sein? Jetzt erst recht brauchen Sie den Blick dafür, dass nichts im Leben *selbstverständlich* ist und dass uns gerade auch in schwierigen Zeiten Momente geschenkt werden, für die wir danken können.

Fragen zum Weiterdenken

- *Wofür sind Sie dankbar?*
- *Für welche Menschen können Sie danken, die Ihnen jetzt zur Seite stehen?*
- *Wo haben Sie durch Menschen oder Gott konkret Hilfe erfahren?*

Gebet
Himmlischer Vater, der Sturm hat mir meine Dankbarkeit genommen. Ich habe verlernt, die Dinge zu sehen, die mein Leben bereichern und ich habe verlernt, deine Barmherzigkeit und Güte über meinem Leben wahrzunehmen. Ich habe deine Gnade aus den Augen verloren. Heute möchte ich dir meinen Dank bringen.

Danke, dass du mich im Sturm nicht losgelassen hast.
Danke, dass du dich mir gezeigt hast. Danke für
Menschen, die mich in meiner Krise begleitet haben.
Danke, dass du deine Gnade über meinem Leben
ausgesprochen hast und mir vergibst, wo ich schuldig
geworden bin. Schenk mir doch wieder ganz neu den
dankbaren Blick und lass mich jeden Tag erkennen,
wie viel Grund zum Danken ich habe. Amen.

WEIL DEINE HAND MICH HÄLT – ERMUTIGENDE ZUSAGEN GOTTES FÜR SIE

Ich wünsche mir sehr, dass die genannten Punkte Ihnen eine Hilfe im Sturm Ihres Lebens sind. Da unsere Lebensstürme durchaus sehr unterschiedlich sind, wird es für jeden von uns auch nicht nur den einen Weg aus dem Sturm geben.

Deshalb bete ich, dass Gottes Geist Ihnen genau das schenkt, was Sie in Ihrer Situation brauchen. Und ich wünsche Ihnen, dass Sie die Nähe Gottes ganz neu spüren und seine Kraft in Ihrem Leben entdecken.

Immer wieder hören oder lesen wir Geschichten von Menschen, die schwere Zeiten erlebt haben. Wir erfahren aber auch, wie diese Menschen gerade dann die Nähe Gottes gespürt haben. Manchmal haben sie gerungen und hatten den Eindruck, dass Gott unendlich weit entfernt ist, weshalb sie nicht selten klagten und verzweifelte Fragen stellten. Doch dann wieder passierte es, dass Gott eingriff,

Umstände und Menschen veränderte und Stürme beruhigte – und wir können nur noch staunen.

Viele dieser Menschen haben sich in Zeiten der persönlichen Not und Anfechtung die Worte anderer Menschen zu eigen gemacht. So haben wohl schon etliche Menschen den Psalm 13 gebetet, wenn sie – so wie David – gefragt haben, wann Gott endlich eingreifen wird.

Herr, wie lange willst du mich so ganz vergessen?
Wie lange verbirgst du dein Antlitz vor mir?
Wie lange soll ich sorgen in meiner Seele und mich
ängsten in meinem Herzen täglich? Wie lange soll sich
mein Feind über mich erheben?
Schaue doch und erhöre mich, Herr, mein Gott! Erleuchte
meine Augen, dass ich nicht im Tode entschlafe, dass nicht
mein Feind sich rühme, er sei meiner mächtig geworden,
und meine Widersacher sich freuen, dass ich wanke.
Ich traue aber darauf, dass du so gnädig bist; mein Herz
freut sich, dass du so gerne hilfst. Ich will dem Herrn
singen, dass er so wohl an mir tut.

„Herr, wie lange willst du noch schweigen und mich vergessen?" (Vers 2). David hat diese Frage gestellt und möglicherweise kennen Sie diese Frage auch aus Ihrem Leben.

David steckte in einer tiefen Krise. Die Fundamente seines Lebens wankten und sein Glaube war angefochten. Ich spüre förmlich seine Verzweiflung und Resignation, wenn ich diese Zeilen lese. Doch obwohl Gott unerreichbar schien, wendete David sich nicht von ihm ab, sondern suchte im Gebet seine Nähe. Viermal stellte er Gott die Frage: „Wie lange noch?", und formulierte damit seine Klage gegen Gott, der ihn anscheinend vergessen hatte. Nach einer Zeit der Klage sprach er vor Gott ganz konkret seine Bitten aus, und langsam wuchs neues Vertrauen zu dem Gott, der ihn schon in der Vergangenheit geführt hatte. Auch wenn sich seine Situation noch nicht sichtbar verändert hatte, wurde sein Herz im Laufe des Psalms wieder fröhlich, weil er sich bei Gott geborgen fühlte (Vers 6).

Davids Weg von der Klage über die Bitte hin zu neuem Vertrauen kann auch für uns ein heilsamer Prozess sein, in schweren Lebenssituationen nicht aufzugeben und Gott zu vertrauen: Gott vergisst uns nicht! Niemals!

Psalm 13 ist eine starke Ermutigung für alle Menschen, die an der Gegenwart Gottes in ihrem Leben zweifeln. Gleichzeitig lädt der Psalm dazu ein, nicht bei den „Wie lange noch"-Fragen stehen zu bleiben. Stattdessen dürfen wir so wie David unsere Verzweiflung und Not vor Gott herausschreien und uns an die Zusagen und Verheißungen Gottes klammern.

In stürmischen Zeiten kann uns das Wort Gottes zur großen Kraftquelle werden. Und so habe ich im folgenden Teil eine kleine Auswahl an Bibelversen für Sie zusammengestellt, die Ihnen in Ihrer Situation Trost, Stärke, Hilfe und Wegweisung sein können.

Die Bibel steckt voller ermutigender Zusagen und Verheißungen Gottes. Ich glaube, das ist deshalb so, weil unser Vater im Himmel genau weiß, wie nötig wir in unserem Alltag und besonders in stürmischen Zeiten Ermutigung brauchen.

Nehmen Sie sich Zeit für Gottes Wort. Wenn Sie mögen, nehmen Sie eine Bibel zur Hand und schlagen die angegebenen Verse auf. Bitten Sie Ihren Vater im Himmel, dass er Ihnen durch diese Worte begegnet. Lesen Sie den Text, halten Sie für einen Moment die Stille aus und erwarten Sie, dass Gott Ihr Herz berührt und mit Ihnen redet. Wenn Sie mögen, antworten Sie danach mit einem kurzen Gebet.

WENN DEINE SORGEN DEN ALLTAG BESCHWEREN

All eure Sorgen werfet auf ihn, denn er sorgt für euch.
1. Petrus 5,7

Sorget euch um nichts, sondern in allen Dingen lasst eure
Bitten in Gebet und Flehen vor Gott kundwerden.
Philipper 4,6

Jesus Christus spricht: „Kommt her zu mir alle, die ihr
mühselig und beladen seid. Ich will euch erquicken.
Matthäus 11,28-30

Der Herr ist mein Hirte, mir wird nichts mangeln.
Psalm 23,1

WENN DU ANGST HAST VOR DEM NÄCHSTEN SCHRITT

Fürchte dich nicht, denn bin mit dir. Weiche nicht,
denn ich bin dein Gott. Ich stärke dich, ich helfe dir auch,
ich halte dich durch die rechte Hand meiner Gerechtigkeit.
Jesaja 41,10

Siehe, ich habe dir geboten, dass du getrost und unverzagt
seist. Lass dir nicht grauen und entsetze dich nicht; denn
der Herr, dein Gott, ist mit dir in allem, was du tun wirst.
Josua 1,9

Dein Wort ist meines Fußes Leuchte und ein Licht
auf meinem Wege.
Psalm 119,105

Wachet, steht im Glauben, seid mutig und seid stark!
1. Korinther 16,13

WENN MENSCHEN GEGEN DICH SIND

*Ihr gedachtet es böse zu machen, aber Gott gedachte
es gut zu machen!*
1. Mose 50,20

*Denn ich weiß wohl, was ich für Gedanken über euch
habe, spricht der Herr: Gedanken des Friedens und nicht
des Leides, dass ich euch gebe das Ende, des ihr wartet.*
Jeremia 29,11

*Ist Gott für uns, wer kann wider uns sein? Der auch seinen
eigenen Sohn nicht verschont hat, sondern hat ihn für uns
alle hingegeben – wie sollte er uns mit ihm nicht alles
schenken?*
Römer 8,31-32

WENN SCHULD DICH BELASTET

Wenn wir aber unsere Sünden bekennen, so ist er treu und gerecht, dass er uns unsere Sünde vergibt und reinigt uns von aller Ungerechtigkeit.
1. Johannes 1,9

Wo ist solch ein Gott, wie du bist, der die Sünde vergibt und erlässt die Schuld denen, die geblieben sind als Rest seines Erbteils; der an seinem Zorn nicht ewig festhält, denn er hat Gefallen an Gnade!
Micha 7,18

Darum bekannte ich dir meine Sünde, und meine Schuld verhehlte ich nicht. Ich sprach: Ich will dem Herrn meine Übertretungen bekennen. Da vergabst du mir die Schuld meiner Sünde.
Psalm 32,5

WENN DU DICH EINSAM UND VERLASSEN FÜHLST

Verlass dich auf den Herrn von ganzem Herzen, und
verlass dich nicht auf deinen Verstand, sondern gedenke
an ihn in allen deinen Wegen, so wird er dich recht führen.
Sprüche 3,5-6

Denn er hat seinen Engeln befohlen über dir, dass sie
dich behüten auf allen deinen Wegen; dass sie dich auf
den Händen tragen und du deinen Fuß nicht an einen
Stein stößt.
Psalm 91,11

Der Herr aber, der selber vor euch hergeht, der wird mit
dir sein und wird die Hand nicht abtun und dich nicht
verlassen. Fürchte dich nicht und erschrick nicht!
5. Mose 31,8

Es ist gut, auf den Herrn zu vertrauen und sich nicht
sich zu verlassen auf Menschen.
Psalm 118,8

WENN DU VOR SCHWIERIGEN ENTSCHEIDUNGEN STEHST

Weise mir Herr deinen Weg, dass ich wandle in deiner Wahrheit; erhalte mein Herz bei dem einen, dass ich deinen Namen fürchte.
Psalm 86,11

Lehre mich tun nach deinem Wohlgefallen, denn du bist mein Gott. Dein guter Geist führe mich auf ebener Bahn.
Psalm 143,10

WENN DIE TAGE DES ÄLTERWERDENS DICH BELASTEN

Auch bis in euer Alter bin ich derselbe, und ich will
euch tragen, bis ihr grau werdet. Ich habe es getan;
ich will heben, tragen und erretten.
Jesaja 46,4

Ich bin jung gewesen und alt geworden und habe noch
nie den Gerechten verlassen gesehen und seine Kinder
um Brot betteln.
Psalm 37,25

Siehe, ich sende einen Engel vor dir her, der dich behüte
auf dem Wege und bringe dich an den Ort, den ich
bereitet habe.
2. Mose 23,20

Ein jegliches hat seine Zeit, und alles Vorhaben unter
dem Himmel hat seine Stunde.
Prediger 3,1

WENN DU MIT KRANKHEIT UND TOD KONFRONTIERT BIST

Und Gott wird abwischen alle Tränen von ihren Augen, und der Tod wird nicht mehr sein, noch Leid noch Geschrei noch Schmerz wird mehr sein; denn das Erste ist vergangen.
Offenbarung 21,4

Die ihr den Herrn fürchtet, hofft das Beste von ihm, hofft auf ewige Freude und Gnade.
Sirach 2,8

Darum sorgt nicht für morgen, denn der morgige Tag wird für das Seine sorgen. Es ist genug, dass jeder Tag seine eigene Plage hat.
Matthäus 6,34

Darum lasst uns hinzutreten mit Zuversicht zu dem Thron der Gnade, damit wir Barmherzigkeit empfangen und Gnade finden zu der Zeit, wenn wir Hilfe nötig haben.
Hebräer 4,16

ZITATE, DIE HALT GEBEN

*Gott ist die Ruhe und er beruhigt alles. Ihn anschauen
heißt selber ruhen.*
Bernhard von Clairvaux

*Die Unsichtbarkeit Gottes darf uns nicht davon abhalten,
jeden Augenblick mit seiner Gegenwart zu rechnen.*
Albrecht Goes

*Glücklich, wer an Gott glaubt, denn er wird, wenn auch
nicht ohne Mühe und Leid, schließlich alle Mühsale des
Lebens überwinden.*
Vincent van Gogh

*Das Gebet ist der himmlische Hafen, in dem wir uns
vor den Stürmen des Lebens bergen.*
Charles Haddon Spurgeon

UND WAS BLEIBT NACH DEM STURM?

Jetzt bleibt eigentlich nur noch die spannende Frage, wie Asaphs Leben nach dem Sturm weiterging.

Nachdem Gott Asaphs Herz beruhigt hatte, schien sich der Sturm gelegt zu haben. Wir wissen nicht, ob die Not und Anfechtung, die er erlebt hatte, sich zeitgleich gebessert hatten. Mag sein, dass die äußeren Umstände nach wie vor schwierig waren. Mag sein, dass Krankheit und Schmerz noch immer in seinem Alltag präsent waren oder dass Menschen ihn angriffen und mit Worten und Taten verletzten.

Das, was Asaph neue Zuversicht und Hoffnung schenkte, war die Gewissheit, dass Gott an seiner Seite war und blieb. Und dass Gott ihm eine Perspektive schenkte, die weit über seine momentane Situation hinausreichte.

Von der Hand Gottes gehalten zu sein, war Asaph mehr wert als körperliche Unversehrtheit. Die Gegenwart Gottes in seinem Alltag wurde der größte Schatz seines Lebens.

Und so bekannte er schließlich im Vers 28: *Aber das ist meine Freude, dass ich mich zu Gott halte und meine*

Zuversicht setze auf Gott den Herrn, dass ich verkündige all dein Tun.

Asaphs Freude war eine tiefe Lebensfreude, die darauf basierte, dass er die Beziehung zu seinem Schöpfer erneuert hatte. Nein, sein Schöpfer ist kein *Schönwettergott*, sondern ein Gott, der den Stürmen des Lebens gewachsen ist! Und mit diesem Gott an seiner Seite konnte er auch den zukünftigen Stürmen seines Lebens zuversichtlich entgegengehen.

Vieles – auch in seinem weiteren Leben – würde vergehen und nur für eine begrenzte Zeit Bestand haben. Manches würde ihm auch in Zukunft genommen werden können. Seine körperliche und seelische Gesundheit waren ein Gut, dass jederzeit vergehen konnte (Vers 26). Doch die Beziehung zu Gott – da war er sich sicher – die konnte ihm niemand nehmen.

Das zu wissen machte sein Herz froh. Und so konnte er neben allem Schmerz und aller Trauer, die er durchlebt hatte, langsam auch wieder tiefe Freude empfinden.

Asaphs Freude war die Gewissheit, dass er trotz allem – und jetzt erst recht – bei Gott gut aufgehoben war. Gott war und blieb die verlässliche Größe in seinem Leben. Zu ihm wollte er sich halten, an ihm wollte er festhalten. Und aus der Beziehung zu Gott würde er jeden Tag aufs Neue die Zuversicht bekommen, die er zum Leben brauchte.

Und so wurde Asaph schließlich zum Ermutiger für andere Menschen. Was er durchlebt und durchkämpft hatte, wollte er nicht für sich alleine behalten. Diese Erkenntnis war für ihn so wertvoll, dass er nicht anders konnte, als davon zu erzählen. Sein Herz blühte auf, wurde weit und öffnete ihm den Mund zur Verkündigung: ... *dass ich verkündige all dein Tun* (Vers 28).

Ich will verkündigen all dein Tun – das war seine neue Berufung und sein Auftrag, den er nach dem durchgestandenen Lebenssturm bekommen hatte.

* * *

Wie wird es für Sie nach dem Sturm weitergehen?

Ich habe keine Ahnung, welche Veränderungen der Sturm in Ihr Leben gebracht hat. Mag sein, dass es auch noch eine Weile dauert, bis Sie zu neuen Kräften kommen und die neue Situation annehmen können. Mag sein, dass sich Ihre Lebensumstände durch den Sturm komplett geändert haben und Sie gerade noch dabei sind, die neuen Wege unsicher zu beschreiten. Aber eines Tages werden Sie hoffentlich gestärkt auf Ihren Sturm zurückblicken und den Mut haben, anderen davon zu erzählen, was Sie ermutigt und getragen hat.

Weil unsere Welt Ermutiger braucht, wünsche ich mir, dass viele Menschen nach durchlebten Lebensstürmen zu Hoffnungsträgern für andere Menschen werden. Das kann ganz unterschiedlich aussehen. Vielleicht haben Sie nach

Ihrem Sturm ganz viel Verständnis für Menschen, die in Trauer sind und können durch Ihre Lebensgeschichte dazu beitragen, sie auf dem Weg der Trauer zu begleiten.

Vielleicht durften Sie erleben, wie Jesus Sie in Ihrer Persönlichkeit geheilt und verändert hat, und Sie können dadurch andere Menschen ermutigen, sich der eigenen Vergangenheit zu stellen und von Jesus heilen zu lassen.

Vielleicht haben Sie gespürt, wie der Geist Gottes Ihnen gerade in der Not Kräfte hat zukommen lassen, die Sie nicht aus sich selbst heraus hatten.

Vielleicht haben Sie erfahren, dass Gott Ihnen mitten im Sturm einen Menschen an die Seite gestellt hat, der für Sie gebetet und Sie gesegnet hat.

Wie auch immer – bitten Sie Jesus, dass er Ihnen deutlich macht, wo er Sie in dieser Welt mit Ihrer ganz persönlichen Sturmgeschichte gebrauchen kann.

Wenn Sie sich gerade selbst noch an einem stürmischen Ort befinden, wird es vielleicht noch ein wenig dauern, bis Sie die Gabe der Ermutigung erlernen. Aber mit Gottes Hilfe kann jeder diese Gabe erlernen. Es könnte sein, dass Ihnen schon morgen ein Mensch begegnet, der eine Ermutigung braucht, die nur Sie ihm geben können.

Für all die Menschen, die gerade jetzt im Sturm stehen, und für alle die, die einen Sturm überwunden haben gilt: *Es gibt keinen Grund, hoffnungslos und ohne Zuversicht zu sein!*

Zuversichtliche Menschen sind Menschen, die ihre Lebensstürme und Anfechtungen wahrnehmen, manchmal auch daran leiden, aber dennoch – trotz allem – darauf vertrauen, dass sie inmitten des Sturms von der Hand Gottes gehalten werden. Zuversichtliche Menschen lassen sich von Gott in den Stürmen ihres Lebens trösten und werden nach überwundenem Sturm zu Ermutigern für ihre Mitmenschen: *Jetzt erst recht!*

DENNOCH – UND JETZT ERST RECHT ZUVERSICHTLICH LEBEN!

Seit meinem 14. Lebensjahr begleitet mich nun der Psalm 73 durch mein Leben und prägt meine Beziehung zu Gott, meinem Vater, und Jesus Christus, meinem Retter! Gerade in den stürmischen Zeiten finde ich Trost und Halt durch diesen Psalm.

Aus meinem jugendlichen, trotzigen und vielleicht auch etwas kämpferischen *„Und jetzt erst recht"* ist ein manchmal leises, aber vertrauensvolles und hoffnungsvolles *„Und jetzt erst recht"* geworden!

Nicht, weil es meine Kraft ist, die mir die Gewissheit gibt, dass mich im Leben nichts umhauen kann, sondern weil ich erfahren durfte: In allen Stürmen bleibt Gott der souverän handelnde und liebende Vater an meiner Seite. Er ist es, der mich festhält und durch den Sturm begleitet.

Es gibt keine Garantie für ein sturmfreies Leben, aber das Versprechen Gottes gilt: *Ich halte dich an meiner Hand – jetzt erst recht! Wenn du mir vertraust, wirst du im Sturm bestehen können!*

So möchte ich auch in Zukunft mein Leben an der Hand Gottes leben. Dankbar die guten Tage aus seiner Hand nehmen und an den stürmischen Tagen seine Hand umso fester ergreifen. Und ich möchte zum Ermutiger werden – für alle Menschen, die sich so sehr nach Ermutigung und Hoffnung für ihr Leben sehnen. Am meisten im Moment für Sie – die Sie gerade diese Zeilen lesen!

NACHWORT

Eineinhalb Jahre sind seit dem Sturm an der Ostsee vergangen. Es ist Sommer. Wieder sind wir für ein paar Tage in das Häuschen am Meer gefahren und genießen unseren Urlaub in der schönen Umgebung.

Obwohl wir am gleichen Ort sind, spüre ich eine Veränderung. Der Himmel ist strahlend blau, das satte Grün der Dünen steht im Kontrast zu dem hellen feinen Sand und dem klaren blauen Meer. Kein Wind ist zu spüren. Die Möwen ziehen fröhlich und vergnügt ihre Kreise über der Strandpromenade, in der Hoffnung, dass sie von den Spaziergängern gutes Futter ergattern können. Die Menschen, die mir begegnen, sind in fröhlicher Urlaubslaune und genießen sichtbar diesen traumhaften Sommer.

Ich setze mich auf eine Bank an der Strandpromenade und genieße diesen Abend. Dabei erinnere ich mich zurück an meinen letzten Urlaub hier an der See und denke: *Ja, so kann die Ostsee eben auch sein – kein Sturm, kein Wind, gegen den ich ankämpfen muss. Das Meer ist ruhig, alles wirkt friedlich und zufrieden.*

Und in mir? Auch da hat sich in den letzten Monaten einiges verändert. Der ein oder andere Sturm ist über mein Leben gefegt und hat manches an mir und in meinem Leben infrage gestellt. Trotz allem spüre ich in mir so viel Hoffnung und Zuversicht. Warum? Weil Jesus da ist. Weil er zu mir steht. Weil er seine Arme ausbreitet und mich an die Hand nimmt. Weil er mich liebevoll anstupst und meine Blicke und Gedanken wieder in die richtige Richtung lenkt.

Was die Zukunft bringen mag, das weiß ich nicht. Ich lebe jetzt. In der Gegenwart. Die Brücke von der Gegenwart in die Zukunft baue ich mit Steinen aus Hoffnung und Zuversicht. Und die will ich mir jeden Tag aufs Neue von meinem Herrn schenken lassen!

Ich lehne mich auf der Parkbank zurück, hebe meinen Kopf Richtung Himmel und sage: *„Und jetzt erst recht!"*

DANK

Das vor Ihnen liegende Buch war ein hart umkämpftes Projekt. Oft habe ich gerungen, ob ich weiterschreibe oder aufhöre. Soll es das Buch geben oder nicht? Diese Frage habe ich immer wieder in meinem Herzen und vor Gott bewegt. Wenn es das Buch geben soll, dann brauche ich Zeit zum Schreiben, und gerade die finde ich im normalen Alltag so selten.

Eines Tages ermutigte mich eine Freundin und sagte: „Ich glaube, es soll dieses Buch geben. Du musst ihm nur mehr Priorität einräumen!"

Genau das war es! Ihre Aussage hat mich getroffen und zu einer Entscheidung geführt. Am nächsten Tag meldete ich mich für ein paar Tage in einem Kloster an, um dort vor Gott zur Ruhe zu kommen und mich von ihm für dieses Buch füllen zu lassen.

Und so liegt es nun vor Ihnen, mein zweites Buch. Dabei geht der größte Dank an dieser Stelle wieder zuerst an meinen Herrn. Danke Jesus für deine Nähe, deinen Geist und deine Ermutigung. Dir will ich Ehre machen mit dem, was ich geschrieben habe. Du bist mein Herr über Wind und Wellen. Es ist mein Wunsch, dass noch viele Menschen dich kennenlernen!

Danke an alle, die mich auf dem Weg des Schreibens durch Gebete und Worte begleitet haben. Danke an meinen Mann, unsere beiden Töchter und meine Familie. Danke an Angelika Mecke, die mich ermutigt hat, eine Auszeit im Kloster zu nehmen. Danke an Schwester Hildegard Reh, die mir als Jugendliche den Psalm 73 so nahegebracht hat. Danke an alle, die mir Anteil an ihrem Leben und ihren Geschichten gegeben haben. Und danke an Ruth Harmsen, die nun auch mein zweites Buch in die richtige Endfassung gebracht hat.

Jesus segne euch!

Der Verlag weist ausdrücklich darauf hin, dass im Text enthaltene Links
nur bis zum Zeitpunkt der Buchveröffentlichung eingesehen werden
konnten. Auf spätere Veränderungen hat der Verlag keinerlei Einfluss.
Eine Haftung des Verlags ist daher ausgeschlossen.

Für die Bibelzitate wurde, wenn nicht anders vermerkt, die Lutherbibel,
revidiert 1984, © 2016 Deutsche Bibelgesellschaft, Stuttgart verwendet.
Außerdem wurde zitiert aus:
Hoffnung für alle, © Copyright 1983, 1996, 2002, 2015 by Biblica, Inc.®
Verwendet mit freundlicher Genehmigung des Herausgebers Fontis (Hfa).
© 2019 Gerth Medien GmbH, Asslar

1. Auflage 2019
Bestell-Nr. 817503
ISBN 978-3-95734-503-5

Umschlaggestaltung: Joana Kielhorn
Umschlagmotiv: Perori/Shutterstock
Lektorat: Ruth Harmsen
Satz: Uhl + Massopust, Aalen
Druck und Verarbeitung: GGP Media GmbH, Pößneck
Printed in Germany

www.gerth.de